에센스 이화 한국어

에센스 이화 한국어 2A

지은이 이화여자대학교 언어교육원

펴낸날 1판 1쇄 2017년 1월 20일
2쇄 2023년 8월 2일

펴낸이 주소현 **펴낸곳** 이화여자대학교출판문화원
주소 서울특별시 서대문구 이화여대길 52(우 03760) **등록** 1954년 7월 6일 제9-61호
전화 02) 3277-2965(편집), 02) 362-6076(마케팅)
팩스 02) 312-4312 **전자우편** press@ewha.ac.kr **홈페이지** www.ewhapress.com
책임편집 민지영 **디자인** design **Vita**, 김리영, 정혜진 **일러스트** 이지영

© 2017 이화여자대학교 언어교육원·이화여자대학교출판문화원
이 책의 판권은 이화여자대학교 언어교육원과 이화여자대학교출판문화원에 있습니다. 양측의 서면 허락 없이 이 책 내용의 전부 혹은 일부를 인용, 발췌하거나 기타 판권 소유에 위배되는 행위를 할 수 없습니다.

Copyright © 2017 by Ewha Womans University Language Center and Ewha Womans University Press
All rights reserved. No part of this publication may be reproduced, stored in a retrieval system, or transmitted in any form or by any means, electronic, mechanical, photocopying, recording, or otherwise, without the prior written permission of the copyright owners.

ISBN 979-11-5890-199-8 18710
978-89-7300-875-9 (세트)
값 13,000원

* 사진 촬영에 협조해 주신 Van Den Peereboom Gilles E. M., Qiao Shanshan, Biernath Anne Madlen, Suzuki Makiko, Ishizawa Shinji, Saygi Kemal 씨, 이화여자대학교 언어교육원 학생들과 이화여자대학교 학생들에게 감사를 드립니다.
* 잘못된 책은 구입처에서 바꾸어 드립니다.

이 도서의 국립중앙도서관 출판예정도서목록(CIP)은 서지정보유통지원시스템 홈페이지(http://seoji.nl.go.kr)와 국가자료공동목록시스템(http://www.nl.go.kr/kolisnet)에서 이용하실 수 있습니다. (CIP제어번호 : 2017000289)

본 교재의 듣기 자료는 MP3 파일로 되어 있으며 이화여자대학교출판문화원 홈페이지(www.ewhapress.com) 자료실에서 무료로 내려받을 수 있습니다.

ESSENCE
EWHA
KOREAN

이화여자대학교 언어교육원 지음
Ewha Womans University
Ewha Language Center

에센스 이화 한국어

2A

EPRESS

책을 펴내면서

이화여자대학교 언어교육원에서 2010년에 발간한 『이화 한국어(Ewha Korean)』는 지난 6여 년간 효율적이고 체계적인 학습으로 이끄는 한국어 교재로 인정받으며, 세계 각국에서 널리 사용되어 왔습니다. 그러나 이화여자대학교 언어교육원의 단기 과정과 같이 수업 시간이 길지 않은 과정에 적합한 교재가 필요하다는 생각으로 이화여자대학교 언어교육원에서는 『이화 한국어(Ewha Korean)』의 핵심 내용을 모아 담은 『에센스 이화 한국어(Essence Ewha Korean)』를 발간하게 되었습니다.

『에센스 이화 한국어(Essence Ewha Korean)』는 『이화 한국어(Ewha Korean)』의 필수적인 내용을 모아 1권과 2권의 내용을 총 6권으로 나누어 편집하였습니다. 『이화 한국어(Ewha Korean)』는 의사소통 중심의 교재로서 다양한 의사소통 상황 내에서 말하기 · 듣기 · 읽기 · 쓰기의 네 가지 언어 기능이 균형 있게 발전할 수 있도록 고안되었습니다. 『에센스 이화 한국어(Essence Ewha Korean)』도 『이화 한국어(Ewha Korean)』의 특징을 유지하며, 한국어를 처음 접하거나 학습 기간이 길지 않은 초급 학습자들이 한국어를 쉽고 재미있게 접할 수 있도록 구성하였습니다.

『에센스 이화 한국어(Essence Ewha Korean)』의 1A, 1B, 1C는 학습자의 요구와 편의를 고려하여 영어, 일본어, 중국어 간체와 번체로 번역을 넣어 4가지 버전으로 제작하였습니다. 반면 2A, 2B, 2C는 중급으로 가는 디딤돌의 역할을 할 수 있도록 번역 없이 한국어로 제작하였으며 문법 설명, 새 단어, 문화는 번역하여 부록으로 수록하였습니다. 앞으로 『에센스 이화 한국어(Essence Ewha Korean)』가 한국어 초급 학습자들의 한국어 실력을 향상시키는 데에 지름길이 되는 교재로 활용될 것이라고 기대합니다.

마지막으로 『에센스 이화 한국어(Essence Ewha Korean)』가 출간되기까지 이 책의 편집자들이 쏟은 열정과 노력에 대해서 깊은 감사를 드립니다. 또한 이 교재가 출판되는 데에 아낌없는 지원을 해 주신 이화여자대학교출판문화원에도 감사의 마음을 전합니다.

2017년 1월

이화여자대학교 언어교육원 원장

에센스 이화

한국어

차례

교재 구성표

단원	제목	내 용					
		Part 1		Part 2			
		준비합시다	어휘	들어 봅시다	말해 봅시다	읽고 써 봅시다	문화
1	새 친구	-(으)ㄴ 지 -는 동안 -기 위해(서)	회사	이웃과 인사 나누는 대화 듣기 표현 이름 소개하기	반 친구와 인사 나누기 표현 한국에서 온 시기 묻고 답하기	반 친구 소개하는 글 읽고 쓰기	나이를 묻는 이유
2	한국 생활	-(으)ㄹ 때 -았/었을 때 -(으)니까	편의 시설	대중교통 이용에 대한 대화 듣기	한국 생활에 대해 조언하기 표현 어떤 일에 대해 아는 정도 표현하기	경험담 읽고 쓰기	한국인의 감탄어
3	즐거운 여행	-기로 하다 -(으)ㄹ래요 -(으)ㄴ 적이 있다	여행지에서	관광 상품 소개하는 대화 듣기	여행 계획 세우기 표현 여행 일정 묻고 답하기	기행문 읽고 쓰기	제주 올레길
4	요리와 요리법	-기 때문에 -고 나서 -게	요리법	전화로 음식 배달 주문하는 대화 듣기	요리법 알려주기 표현 음식 만드는 방법 묻기	요리법에 대한 글 읽고 쓰기	명절과 음식
5	쇼핑	-(으)ㄹ까요 -(으)ㄴ/는/(으)ㄹ 것 같다 -아/어서	쇼핑 쇼핑 장소	휴대 전화 교환에 대한 대화 듣기	옷에 어울리는 구두 추천하기 표현 상대방의 추천에 대해 우회적으로 거절하기	제품 사용 후기 읽고 쓰기	재래시장
6	건강한 생활	-겠- -아/어서 그런지 -도록	병 증상	전화로 진료 예약하기	병원에서 증상 말하기 표현 환자의 증상 묻기 약 먹는 방법 묻고 답하기	신문 기사 읽고 건강 수칙 쓰기	인삼, 꿀, 보약

교재 구성과 사용법

- 『에센스 이화 한국어 2A』는 1~6과로 구성되어 있습니다.
- 각 단원은 Part 1, 2로 구성되어 있습니다. Part 1은 문법, 어휘를 학습하는 부분이며 Part 2는 듣기, 말하기, 읽기, 쓰기, 문화를 학습하는 부분입니다.

단원 구성

단원 표지

사진 자료로 단원의 내용을 알 수 있도록 보여 줍니다.

단원의 학습 내용과 목표를 알려 줍니다.

제1과

새 친구

제1과 새 친구

Part 1	준비합시다 1	-(으)ㄴ 지
	준비합시다 2	-는 동안
	준비합시다 3	-기 위해(서)
	어휘	회사
Part 2	들어 봅시다	이웃과 인사 나누는 대화 듣기
	말해 봅시다	반 친구와 인사 나누기
	읽고 써 봅시다	반 친구 소개하는 글 읽고 쓰기
	문화	나이를 묻는 이유

Part 1

'준비합시다'와 '어휘'로 구성되어 있습니다. '준비합시다'에서 3개의 문법을 학습해 보고, '어휘'에서는 각 단원 주제에 맞는 기본 어휘들을 학습합니다.

문법을 학습하기 전에 학생이 문법의 쓰임과 의미에 대해 생각해 볼 수 있도록 간단한 질문을 제시했습니다.

상황이 있는 그림과 예문으로 문법이 언제, 어떻게 사용되는지를 알려 줍니다.

문법의 의미(쓰임)를 명확하게 알 수 있도록 설명을 제시했으며, 형태 정보를 도식화하여 간략하게 보여 주고 예를 제시했습니다.(N=명사, A=형용사, V=동사)

문법 연습을 말하기 활동으로 제시했습니다. 연습 방법을 알 수 있도록 〈보기〉를 제시했습니다.

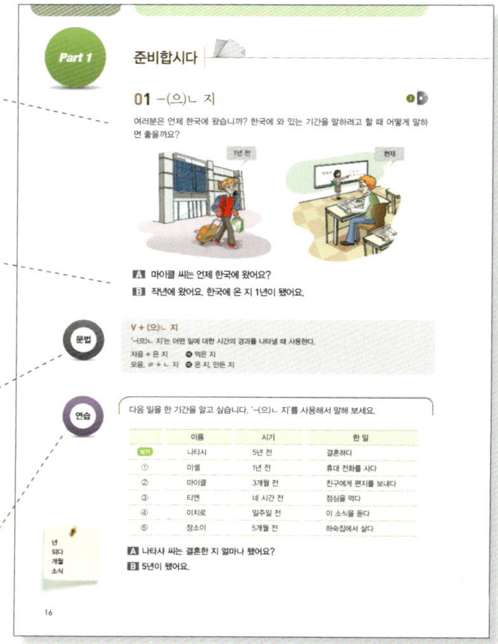

Part 1

준비합시다

01 -(으)ㄴ 지

여러분은 언제 한국에 왔습니까? 한국에 와 있는 기간을 말하려고 할 때 어떻게 말하면 좋을까요?

A 마이클 씨는 언제 한국에 왔어요?
B 작년에 왔어요. 한국에 온 지 1년이 됐어요.

문법

V + (으)ㄴ 지
'-(으)ㄴ 지'는 어떤 일에 대한 시간의 경과를 나타낼 때 사용한다.
자음 + 은 지 ◎ 먹은 지
모음, ㄹ + ㄴ 지 ◎ 온 지, 만든 지

연습

다음 일을 한 기간을 알고 싶습니다. '-(으)ㄴ 지'를 사용해서 말해 보세요.

	이름	시기	한 일
보기	나타사	5년 전	결혼하다
①	미셸	1년 전	휴대 전화를 사다
②	마이클	3개월 전	친구에게 편지를 보내다
③	티엔	네 시간 전	점심을 먹다
④	이치로	일주일 전	이 소식을 듣다
⑤	장소이	5개월 전	하숙집에서 살다

A 나타샤 씨는 결혼한 지 얼마나 됐어요?
B 5년이 됐어요.

년
되다
개월
소식

16

단원 주제와 관련된 어휘들을 그림이나 사진과 함께 제시했습니다.

제1과
새 친구

어휘

회사

19

Part 2 '들어 봅시다', '말해 봅시다', '읽고 써 봅시다', 그리고 '문화'로 구성되어 있습니다.

듣기 전 단계에서 활용하는 상황 그림과 질문입니다. 들을 내용을 예측하고, 어휘나 표현을 확인하는 데 도움이 됩니다.

듣기 단계에서 활용할 이해 확인 문제입니다. 무엇에 중점을 두고 들어야 하는지를 안내해 줍니다.

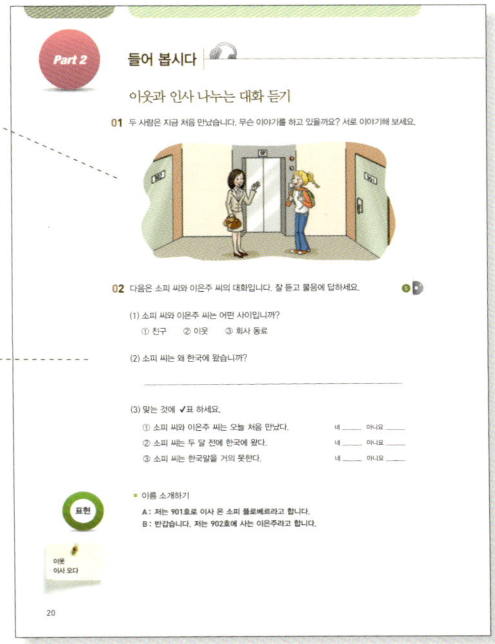

Part 2 들어 봅시다

이웃과 인사 나누는 대화 듣기

01 두 사람은 지금 처음 만났습니다. 무슨 이야기를 하고 있을까요? 서로 이야기해 보세요.

02 다음은 소피 씨와 이은주 씨의 대화입니다. 잘 듣고 물음에 답하세요.

(1) 소피 씨와 이은주 씨는 어떤 사이입니까?
① 친구 ② 이웃 ③ 회사 동료

(2) 소피 씨는 왜 한국에 왔습니까?

(3) 맞는 것에 ✓표 하세요.
① 소피 씨와 이은주 씨는 오늘 처음 만났다. 네 ___ 아니요 ___
② 소피 씨는 두 달 전에 한국에 왔다. 네 ___ 아니요 ___
③ 소피 씨는 한국말을 거의 못한다. 네 ___ 아니요 ___

표현
- 이름 소개하기
A : 저는 901호로 이사 온 소피 플로베르라고 합니다.
B : 반갑습니다. 저는 902호에 사는 이은주라고 합니다.

이웃
이사 오다

20

말하기 과제의 내용, 상황, 대화자의 역할을 그림과 설명으로 제시했습니다.

모범 대화문을 학습하기 전에 주어진 역할에 맞게 대화를 만들어 보는 연습입니다. 말풍선에 제시된 핵심어를 보면서 두 사람이 대화를 만들어 봅니다. Try it은 암기에 의존하지 않고 스스로 대화를 주도하면서 구성하는 능력을 길러 줍니다.

대화의 흐름과 주요 내용을 알려 주는 것으로 담화에 대한 이해력, 구성 능력을 길러 줍니다.

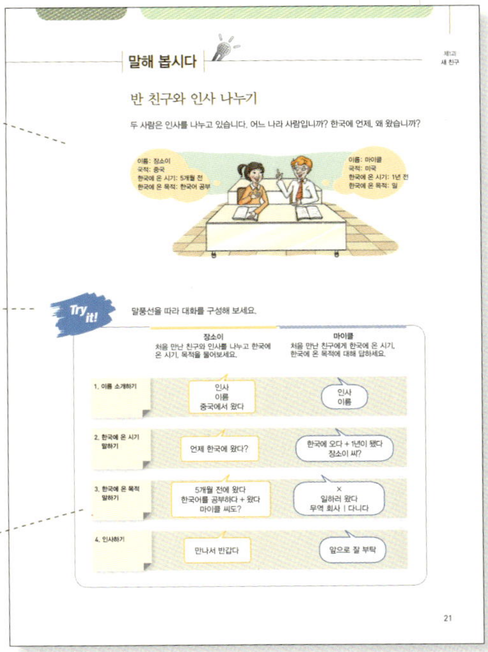

말해 봅시다

제1과 새 친구

반 친구와 인사 나누기

두 사람은 인사를 나누고 있습니다. 어느 나라 사람입니까? 한국에 언제, 왜 왔습니까?

이름: 장소이
국적: 중국
한국에 온 시기: 5개월 전
한국에 온 목적: 한국어 공부

이름: 마이클
국적: 미국
한국에 온 시기: 1년 전
한국에 온 목적: 일

Try it! 말풍선을 따라 대화를 구성해 보세요.

	장소이 처음 만난 친구와 인사를 나누고 한국에 온 시기, 목적을 물어보세요.	마이클 처음 만난 친구에게 한국에 온 시기, 한국에 온 목적에 대해 답하세요.
1. 이름 소개하기	인사 이름 중국에서 왔다	인사 이름
2. 한국에 온 시기 말하기	언제 한국에 왔다?	한국에 오다 + 1년이 됐다 장소이 씨?
3. 한국에 온 목적 말하기	5개월 전에 왔다 한국어를 공부하다 + 왔다 마이클 씨도?	× 일하러 왔다 무역 회사 ǀ 다니다
4. 인사하기	만나서 반갑다	앞으로 잘 부탁

21

말하기 과제 수행에 필요한 기능 표현입니다. 살아 있는 표현들이므로 실생활에서 유용하게 사용할 수 있습니다.

모범 대화문입니다.

교실에서 사용할 수 있는 확장 연습을 제시했습니다. 상황에 맞게 변형하여 활용할 수 있습니다.

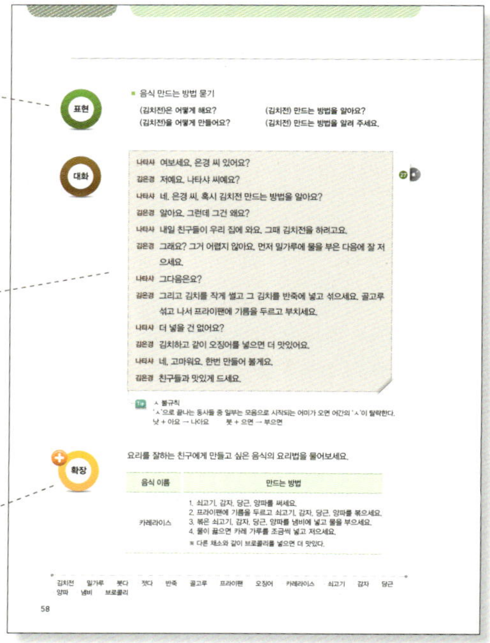

표현

■ 음식 만드는 방법 묻기

(김치전)은 어떻게 해요? (김치전) 만드는 방법을 알아요?
(김치전)을 어떻게 만들어요? (김치전) 만드는 방법을 알려 주세요.

대화

나타샤 여보세요. 은경 씨 있어요?
김은경 저예요. 나타샤 씨예요?
나타샤 네. 은경 씨, 혹시 김치전 만드는 방법을 알아요?
김은경 알아요. 그런데 그건 왜요?
나타샤 내일 친구들이 우리 집에 와요. 그때 김치전을 하려고요.
김은경 그래요? 그거 어렵지 않아요. 먼저 밀가루에 물을 부은 다음에 잘 저으세요.
나타샤 그다음은요?
김은경 그리고 김치를 작게 썰고 그 김치를 반죽에 넣고 섞으세요. 골고루 섞고 나서 프라이팬에 기름을 두르고 부치세요.
나타샤 더 넣을 건 없어요?
김은경 김치하고 같이 오징어를 넣으면 더 맛있어요.
나타샤 네, 고마워요. 한번 만들어 볼게요.
김은경 친구들과 맛있게 드세요.

ㅅ 불규칙
'ㅅ'으로 끝나는 동사들 중 일부는 모음으로 시작되는 어미가 오면 어간의 'ㅅ'이 탈락한다.
낫 + 아요 → 나아요 붓 + 으면 → 부으면

확장

요리를 잘하는 친구에게 만들고 싶은 음식의 요리법을 물어보세요.

음식 이름	만드는 방법
카레라이스	1. 쇠고기, 감자, 당근, 양파를 써세요. 2. 프라이팬에 기름을 두르고 쇠고기, 감자, 당근, 양파를 볶으세요. 3. 볶은 쇠고기, 감자, 당근, 양파를 냄비에 넣고 물을 부으세요. 4. 물이 끓으면 카레 가루를 조금씩 넣고 저으세요. ※ 다른 채소와 같이 브로콜리를 넣으면 더 맛있다.

김치전 밀가루 붓다 젓다 반죽 골고루 프라이팬 오징어 카레라이스 쇠고기 감자 당근 양파 냄비 브로콜리

58

읽기 전 단계에서 활용하는 활동입니다. 주제와 관련된 정보를 얻고, 어휘나 표현을 확인하는 데 도움이 됩니다.

다양한 유형의 글을 읽기 자료로 제시했습니다.

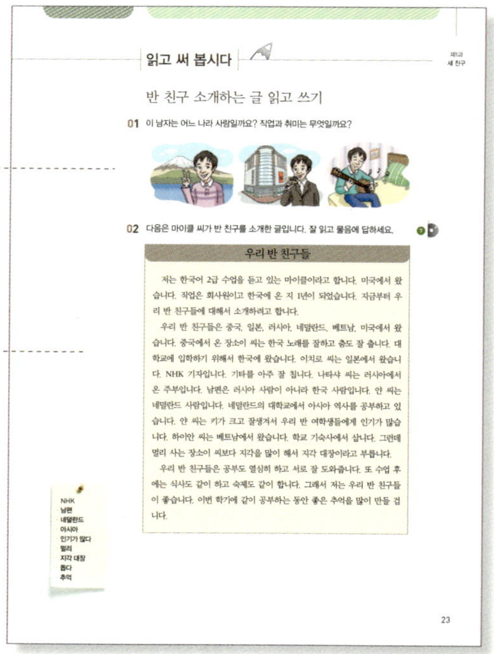

읽고 써 봅시다

제1과 새 친구

반 친구 소개하는 글 읽고 쓰기

01 이 남자는 어느 나라 사람일까요? 직업과 취미는 무엇일까요?

02 다음은 마이클 씨가 반 친구를 소개한 글입니다. 잘 읽고 물음에 답하세요.

우리 반 친구들

저는 한국어 2급 수업을 듣고 있는 마이클이라고 합니다. 미국에서 왔습니다. 직업은 회사원이고 한국에 온 지 1년이 되었습니다. 지금부터 우리 반 친구들에 대해서 소개하려고 합니다.

우리 반 친구들은 중국, 일본, 러시아, 네덜란드, 베트남, 미국에서 왔습니다. 중국에서 온 장소이 씨는 한국 노래를 잘하고 춤도 잘 춥니다. 대학교에 입학하기 위해서 한국에 왔습니다. 이치로 씨는 일본에서 왔습니다. NHK 기자입니다. 기타를 아주 잘 칩니다. 나타샤 씨는 러시아에서 온 주부입니다. 남편은 러시아 사람이 아니라 한국 사람입니다. 얀 씨는 네덜란드 사람입니다. 네덜란드의 대학교에서 아시아 역사를 공부하고 있습니다. 얀 씨는 키가 크고 잘생겨서 우리 반 여학생들에게 인기가 많습니다. 하이안 씨는 베트남에서 왔습니다. 학교 기숙사에서 삽니다. 그런데 멀리 사는 장소이 씨보다 지각을 많이 해서 지각 대장이라고 부릅니다.

우리 반 친구들은 공부도 열심히 하고 서로 잘 도와줍니다. 또 수업 후에는 식사도 같이 하고 숙제도 같이 합니다. 그래서 저는 우리 반 친구들이 좋습니다. 이번 학기에 같이 공부하는 동안 좋은 추억을 많이 만들 겁니다.

NHK
남편
네덜란드
아시아
인기가 많다
멀리
지각 대장
돕다
추억

23

읽기 단계에서 활용할 이해 확인 문제입니다.

읽기 학습을 쓰기로 연결한 활동입니다. 읽은 글과 유사한 종류의 글을 써 보는 연습입니다.

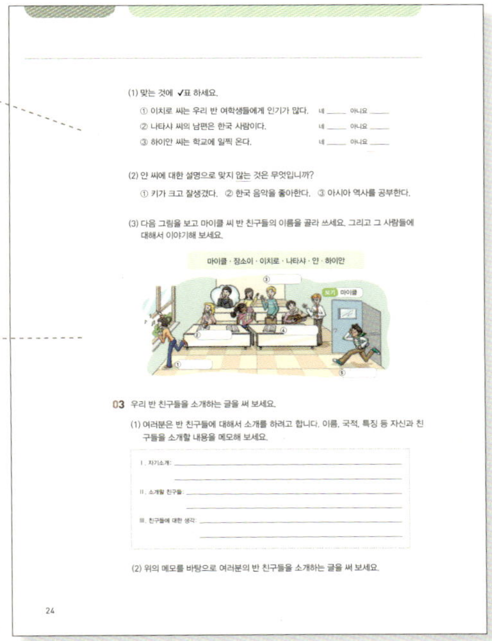

(1) 맞는 것에 ✓표 하세요.

① 이치로 씨는 우리 반 여학생들에게 인기가 많다. 네 ____ 아니요 ____

② 나타샤 씨의 남편은 한국 사람이다. 네 ____ 아니요 ____

③ 하이안 씨는 학교에 일찍 온다. 네 ____ 아니요 ____

(2) 안 씨에 대한 설명으로 맞지 않는 것은 무엇입니까?

① 키가 크고 잘생겼다. ② 한국 음악을 좋아한다. ③ 아시아 역사를 공부한다.

(3) 다음 그림을 보고 마이클 씨 반 친구들의 이름을 골라 쓰세요. 그리고 그 사람들에 대해서 이야기해 보세요.

마이클 · 장소이 · 이치로 · 나타샤 · 안 · 하이안

보기 마이클

03 우리 반 친구들을 소개하는 글을 써 보세요.

(1) 여러분은 반 친구들에 대해서 소개를 하려고 합니다. 이름, 국적, 특징 등 자신과 친구들을 소개할 내용을 메모해 보세요.

Ⅰ. 자기소개: ____

Ⅱ. 소개할 친구들: ____

Ⅲ. 친구들에 대한 생각: ____

(2) 위의 메모를 바탕으로 여러분의 반 친구들을 소개하는 글을 써 보세요.

24

단원 주제와 관련된 문화 내용을 한국어로 제시했으며, 사진이나 삽화를 함께 제시했습니다.

한국 문화에 대한 이해를 확인하는 질문과 문화상호주의적인 관점에서 자기 나라의 문화와 비교하여 생각해 보는 활동을 제시했습니다.

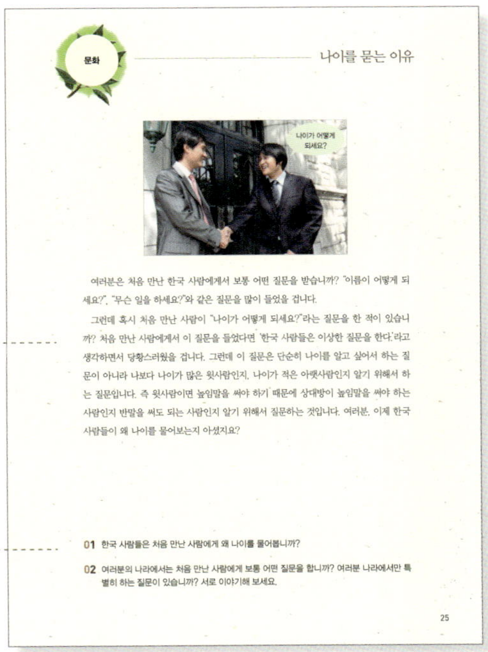

문화

나이를 묻는 이유

나이가 어떻게 되세요?

여러분은 처음 만난 한국 사람에게서 보통 어떤 질문을 받습니까? "이름이 어떻게 되세요?", "무슨 일을 하세요?"와 같은 질문을 많이 들었을 겁니다.

그런데 혹시 처음 만난 사람이 "나이가 어떻게 되세요?"라는 질문을 한 적이 있습니까? 처음 만난 사람에게서 이 질문을 들었다면 '한국 사람들은 이상한 질문을 한다.'라고 생각하면서 당황스러웠을 겁니다. 그런데 이 질문은 단순히 나이를 알고 싶어서 하는 질문이 아니라 나보다 나이가 많은 윗사람인지, 나이가 적은 아랫사람인지 알기 위해서 하는 질문입니다. 즉 윗사람이면 높임말을 써야 하기 때문에 상대방이 높임말을 써야 하는 사람인지 반말을 써도 되는 사람인지 알기 위해서 질문하는 것입니다. 여러분, 이제 한국 사람들이 왜 나이를 물어보는지 아셨지요?

01 한국 사람들은 처음 만난 사람에게 왜 나이를 물어봅니까?

02 여러분의 나라에서는 처음 만난 사람에게 보통 어떤 질문을 합니까? 여러분 나라에서만 특별히 하는 질문이 있습니까? 서로 이야기해 보세요.

25

제1과

새 친구

제 1 과 새 친구

Part 1	준비합시다 1	–(으)ㄴ 지
	준비합시다 2	–는 동안
	준비합시다 3	–기 위해(서)
	어휘	회사
Part 2	들어 봅시다	이웃과 인사 나누는 대화 듣기
	말해 봅시다	반 친구와 인사 나누기
	읽고 써 봅시다	반 친구 소개하는 글 읽고 쓰기
	문화	나이를 묻는 이유

Part 1

준비합시다

01 -(으)ㄴ 지

여러분은 언제 한국에 왔습니까? 한국에 와 있는 기간을 말하려고 할 때 어떻게 말하면 좋을까요?

A **마이클 씨는 언제 한국에 왔어요?**

B **작년에 왔어요. 한국에 온 지 1년이 됐어요.**

문법

V + (으)ㄴ 지

'-(으)ㄴ 지'는 어떤 일에 대한 시간의 경과를 나타낼 때 사용한다.

자음 + 은 지 　 예 먹은 지

모음, ㄹ + ㄴ 지 　 예 온 지, 만든 지

연습

다음 일을 한 기간을 알고 싶습니다. '-(으)ㄴ 지'를 사용해서 말해 보세요.

	이름	시기	한 일
보기	나타샤	5년 전	결혼하다
①	미셸	1년 전	휴대 전화를 사다
②	마이클	3개월 전	친구에게 편지를 보내다
③	티엔	네 시간 전	점심을 먹다
④	이치로	일주일 전	이 소식을 듣다
⑤	장소이	5개월 전	하숙집에서 살다

A 나타샤 씨는 결혼한 지 얼마나 됐어요?

B 5년이 됐어요.

- 년
- 되다
- 개월
- 소식

02 -는 동안

어떤 행동이 지속되는 상황을 말할 때 어떻게 이야기하면 좋을까요?

A 마이클 씨, 영화를 보는 동안 휴대 전화를 꺼야 돼요.

B 네, 지금 끌게요.

문법

V + 는 동안

'-는 동안'은 어떤 행동이나 상태가 계속되는 시간을 나타낼 때 사용한다.

자음 + 는 동안 　예 먹는 동안
모음, ㄹ + 는 동안 　예 가는 동안, 사는 동안

연습

다음을 보고 '-는 동안'을 사용해서 말해 보세요.

	행동 1	행동 2
보기	리처드 씨는 친구를 기다리다	커피를 마시다
①	나타샤 씨는 머리를 자르다	잡지를 읽다
②	미셸 씨는 친구 이야기를 듣다	계속 눈물이 났다
③	장소이 씨는 한국에서 살다	친구를 많이 사귀었다
④	제가 음식을 만들다	동생이 아기를 돌봐 주었다
⑤	제가 이야기를 하다	잠깐만 기다리세요

리처드 씨는 친구를 기다리는 동안 커피를 마십니다.

- 끄다
- 계속
- 눈물이 나다
- 돌보다
- 잠깐만

03 –기 위해(서)

어떤 일을 하는 목적을 이야기하려고 할 때 어떻게 말할까요?

요즘 몸이 약해졌습니다. 건강을 되찾기 위해서 운동을 시작했습니다.

문법

V + 기 위해(서)

'–기 위해서'는 어떤 일을 하는 목적이나 의도를 나타낼 때 사용한다.

자음 + 기 위해서 예 받기 위해서

모음 + 기 위해서 예 만나기 위해서

Tip 앞에 명사가 있을 때는 'N + 을/를 위해(서)'의 형태로 쓴다.
예 어머니 + 를 위해(서) → 어머니를 위해(서) 건강 + 을 위해(서) → 건강을 위해(서)

연습

목적이 있어서 어떤 일을 할 때 어떻게 말할까요? '–기 위해(서)'를 사용해서 말해 보세요.

	상황	목적	하는 일
보기	건망증이 심하다	잊어버리지 않다	휴대 전화에 메모를 하다
①	독감이 유행이다	예방 주사를 맞다	병원에 가다
②	요즘 길이 많이 막히다	늦지 않다	30분 일찍 집에서 나오다
③	1등에게 장학금을 주다	1등하다	매일 열심히 공부했다
④	한국에서 공부하고 싶다	한국에 유학을 오다	한국어를 열심히 공부했다

건망증이 심합니다. 그래서 잊어버리지 않기 위해서 휴대 전화에 메모를 합니다.

- 약해지다
- 건강
- 되찾다
- 건망증
- 심하다
- 잊어버리다
- 독감
- 유행이다
- 예방 주사
- 맞다
- 1등

어휘

회사

4

항공사

여행사

건설사

증권 회사

광고 회사

무역 회사

방송국

신문사

잡지사

Part 2

들어 봅시다

이웃과 인사 나누는 대화 듣기

01 두 사람은 지금 처음 만났습니다. 무슨 이야기를 하고 있을까요? 서로 이야기해 보세요.

02 다음은 소피 씨와 이은주 씨의 대화입니다. 잘 듣고 물음에 답하세요. 5

(1) 소피 씨와 이은주 씨는 어떤 사이입니까?

① 친구　② 이웃　③ 회사 동료

(2) 소피 씨는 왜 한국에 왔습니까?

____

(3) 맞는 것에 ✓표 하세요.

① 소피 씨와 이은주 씨는 오늘 처음 만났다. 네 ____ 아니요 ____
② 소피 씨는 두 달 전에 한국에 왔다. 네 ____ 아니요 ____
③ 소피 씨는 한국말을 거의 못한다. 네 ____ 아니요 ____

표현

■ 이름 소개하기

A: 저는 901호로 이사 온 소피 플로베르라고 합니다.
B: 반갑습니다. 저는 902호에 사는 이은주라고 합니다.

· 이웃
· 이사 오다

말해 봅시다

반 친구와 인사 나누기

두 사람은 인사를 나누고 있습니다. 어느 나라 사람입니까? 한국에 언제, 왜 왔습니까?

Try it!

말풍선을 따라 대화를 구성해 보세요.

	장소이 처음 만난 친구와 인사를 나누고 한국에 온 시기, 목적을 물어보세요.	마이클 처음 만난 친구에게 한국에 온 시기, 한국에 온 목적에 대해 답하세요.
1. 이름 소개하기	인사 이름 중국에서 왔다	인사 이름
2. 한국에 온 시기 말하기	언제 한국에 왔다?	한국에 오다 + 1년이 됐다 장소이 씨?
3. 한국에 온 목적 말하기	5개월 전에 왔다 한국어를 공부하다 + 왔다 마이클 씨도?	× 일하러 왔다 무역 회사 I 다니다
4. 인사하기	만나서 반갑다	앞으로 잘 부탁

표현

■ 한국에 온 시기 묻고 답하기

A: 언제 한국에 왔어요?/
한국에 온 지 얼마나 됐어요?

B: 3년 전에 왔어요./
한국에 온 지 1년이 됐어요./
한국에 온 지 1년이 넘었어요./
한국에 온 지 1년이 지났어요./
한국에 온 지 1년이 다 돼 가요.

대화

6

장소이 안녕하세요? 저는 장소이에요. 중국에서 왔어요.

마이클 안녕하세요? 처음 뵙겠습니다. 저는 미국에서 온 마이클이라고 합니다.

장소이 마이클 씨는 언제 한국에 오셨어요?

마이클 한국에 온 지 1년이 됐어요. 장소이 씨는요?

장소이 저는 5개월 전에 왔어요. 한국어를 공부하기 위해서 왔어요. 마이클 씨도 한국어를 공부하러 왔어요?

마이클 아니요. 저는 일하러 왔어요. 무역 회사에 다녀요.

장소이 그러세요? 만나서 반갑습니다.

마이클 저도요. 앞으로 잘 부탁드립니다.

확장

처음 만난 친구에게 국적, 한국에 온 시기, 한국에 온 목적에 대해서 묻고 서로 인사를 나누어 보세요.

친구 이름	국적	한국에 온 시기	한국에 온 목적
프랑크	프랑스	3개월 전	한국어 공부
흐엉	베트남	6개월 전	대학교 입학

· 넘다 · 지나다 · 국적 · 시기 · 목적

읽고 써 봅시다

반 친구 소개하는 글 읽고 쓰기

01 이 남자는 어느 나라 사람일까요? 직업과 취미는 무엇일까요?

02 다음은 마이클 씨가 반 친구를 소개한 글입니다. 잘 읽고 물음에 답하세요. 7

우리 반 친구들

저는 한국어 2급 수업을 듣고 있는 마이클이라고 합니다. 미국에서 왔습니다. 직업은 회사원이고 한국에 온 지 1년이 되었습니다. 지금부터 우리 반 친구들에 대해서 소개하려고 합니다.

우리 반 친구들은 중국, 일본, 러시아, 네덜란드, 베트남, 미국에서 왔습니다. 중국에서 온 장소이 씨는 한국 노래를 잘하고 춤도 잘 춥니다. 대학교에 입학하기 위해서 한국에 왔습니다. 이치로 씨는 일본에서 왔습니다. NHK 기자입니다. 기타를 아주 잘 칩니다. 나타샤 씨는 러시아에서 온 주부입니다. 남편은 러시아 사람이 아니라 한국 사람입니다. 얀 씨는 네덜란드 사람입니다. 네덜란드의 대학교에서 아시아 역사를 공부하고 있습니다. 얀 씨는 키가 크고 잘생겨서 우리 반 여학생들에게 인기가 많습니다. 하이안 씨는 베트남에서 왔습니다. 학교 기숙사에서 삽니다. 그런데 멀리 사는 장소이 씨보다 지각을 많이 해서 지각 대장이라고 부릅니다.

우리 반 친구들은 공부도 열심히 하고 서로 잘 도와줍니다. 또 수업 후에는 식사도 같이 하고 숙제도 같이 합니다. 그래서 저는 우리 반 친구들이 좋습니다. 이번 학기에 같이 공부하는 동안 좋은 추억을 많이 만들 겁니다.

- NHK
- 남편
- 네덜란드
- 아시아
- 인기가 많다
- 멀리
- 지각 대장
- 돕다
- 추억

(1) 맞는 것에 ✓표 하세요.

① 이치로 씨는 우리 반 여학생들에게 인기가 많다. 네 ____ 아니요 ____

② 나타샤 씨의 남편은 한국 사람이다. 네 ____ 아니요 ____

③ 하이안 씨는 학교에 일찍 온다. 네 ____ 아니요 ____

(2) 얀 씨에 대한 설명으로 맞지 않는 것은 무엇입니까?

① 키가 크고 잘생겼다. ② 한국 음악을 좋아한다. ③ 아시아 역사를 공부한다.

(3) 다음 그림을 보고 마이클 씨 반 친구들의 이름을 골라 쓰세요. 그리고 그 사람들에 대해서 이야기해 보세요.

마이클 · 장소이 · 이치로 · 나타샤 · 얀 · 하이안

03 우리 반 친구들을 소개하는 글을 써 보세요.

(1) 여러분은 반 친구들에 대해서 소개를 하려고 합니다. 이름, 국적, 특징 등 자신과 친구들을 소개할 내용을 메모해 보세요.

Ⅰ. 자기소개: ____________________

____

Ⅱ. 소개할 친구들: ____________________

____

Ⅲ. 친구들에 대한 생각: ____________________

____

(2) 위의 메모를 바탕으로 여러분의 반 친구들을 소개하는 글을 써 보세요.

문화

나이를 묻는 이유

여러분은 처음 만난 한국 사람에게서 보통 어떤 질문을 받습니까? "이름이 어떻게 되세요?", "무슨 일을 하세요?"와 같은 질문을 많이 들었을 겁니다.

그런데 혹시 처음 만난 사람이 "나이가 어떻게 되세요?"라는 질문을 한 적이 있습니까? 처음 만난 사람에게서 이 질문을 들었다면 '한국 사람들은 이상한 질문을 한다.'라고 생각하면서 당황스러웠을 겁니다. 그런데 이 질문은 단순히 나이를 알고 싶어서 하는 질문이 아니라 나보다 나이가 많은 윗사람인지, 나이가 적은 아랫사람인지 알기 위해서 하는 질문입니다. 즉 윗사람이면 높임말을 써야 하기 때문에 상대방이 높임말을 써야 하는 사람인지 반말을 써도 되는 사람인지 알기 위해서 질문하는 것입니다. 여러분, 이제 한국 사람들이 왜 나이를 물어보는지 아셨지요?

01 한국 사람들은 처음 만난 사람에게 왜 나이를 물어봅니까?

02 여러분의 나라에서는 처음 만난 사람에게 보통 어떤 질문을 합니까? 여러분 나라에서만 특별히 하는 질문이 있습니까? 서로 이야기해 보세요.

제2과

한국 생활

제 2 과 한국 생활

Part 1

준비합시다 1	–(으)ㄹ 때
준비합시다 2	–았/었을 때
준비합시다 3	–(으)니까
어휘	편의 시설

Part 2

들어 봅시다	대중교통 이용에 대한 대화 듣기
말해 봅시다	한국 생활에 대해 조언하기
읽고 써 봅시다	경험담 읽고 쓰기
문화	한국인의 감탄어

Part 1

준비합시다

01 -(으)ㄹ 때

8

여러분은 언제 부모님과 가족들이 생각납니까? 그때를 어떻게 말할까요?

A 미셸 씨는 언제 가족들이 보고 싶어요?

B 저는 몸이 아플 때 가족들이 가장 보고 싶어요.

문법

A/V + (으)ㄹ 때

'-(으)ㄹ 때'는 동작이나 상태가 계속되는 동안을 나타낼 때 사용한다.

자음 + 을 때 예 많을 때, 먹을 때

모음, ㄹ + ㄹ 때 예 예쁠 때, 갈 때, 만들 때

Tip 앞에 명사가 있을 때는 'N + 때'의 형태로 쓴다. 예 다섯 살 때, 대학교 때

연습

다음은 우리가 일상생활에서 지켜야 할 예절입니다. 알맞은 것을 골라 '-(으)ㄹ 때'를 사용해서 문장을 완성해 보세요.

보다 · 타다 · 끊다 · 마시다 · 방문하다 · 식사하다

보기	극장에서 영화를 볼 때 앞 사람의 의자를 발로 차면 안 됩니다.
①	다른 사람과 ________________ 코를 풀면 실례가 됩니다.
②	상갓집을 ________________ 보통 검정 옷을 입습니다.
③	지하철을 ________________ 사람들이 먼저 내린 후에 타세요.
④	전화를 ________________ 다른 사람의 이야기가 끝난 후에 끊으세요.
⑤	어른과 술을 ________________ 고개를 옆으로 돌리고 마셔야 합니다.

· (전화를) 끊다
· 방문하다
· 차다
· 코를 풀다
· 상갓집
· 검정
· 고개
· 돌리다

02 -았/었을 때

과거의 언제 한 것인지 또는 언제 경험한 것인지 말하려고 합니다. 어떻게 말할까요?

A 장소이 씨, 한국에서 언제 가장 재미있었어요?

B 친구들과 같이 좋아하는 가수 콘서트에 갔을 때 제일 재미있었어요.

문법

A/V + 았/었을 때

'-았/었을 때'는 과거에 어떤 일이 계속되었던 시간이나 그 동안을 나타낼 때 사용한다.

어간 'ㅏ', 'ㅗ' + 았을 때 예 많았을 때, 갔을 때, 왔을 때

그 외의 어간 + 었을 때 예 젊었을 때, 찍었을 때

연습

여러분은 다음과 같은 상황을 경험했을 때 기분이 어땠어요? '-았/었을 때'를 사용해서 말해 보세요.

	상황	느낀 감정
보기	처음 한국에 도착했다	긴장이 됐다
①	장학금을 받았다	무서웠다
②	컴퓨터가 고장이 났다	창피했다
③	남자 친구와 헤어졌다	아주 기뻤다
④	한국어 발음이 틀렸다	짜증이 났다
⑤	지난번 도둑이 들었다	슬펐다

A 처음 한국에 도착했을 때 기분이 어땠어요?

B 그때는 좀 긴장이 됐어요.

- 긴장이 되다
- 고장이 나다
- 창피하다
- 헤어지다
- 틀리다
- 짜증이 나다
- 도둑이 들다

03 -(으)니까

어떤 일에 대해 자신이 생각하는 이유를 말할 때 어떻게 말할까요?

A 이번 여름 방학에 바다에 가는 게 어때요?

B 여름에는 바다에 사람이 많으니까 산으로 갑시다.

문법

A/V + (으)니까

'-(으)니까'는 앞의 내용이 뒤의 내용의 이유나 근거임을 나타낼 때 사용한다. 주로 '-(으)ㅂ시다', '-(으)세요'와 함께 쓴다.

자음 + 으니까 예 먹으니까, 먹었으니까, 많으니까, 많았으니까
모음, ㄹ + 니까 예 싸니까, 가니까, 머니까, 만드니까

연습

친구들에게 여행을 제안합니다. '-(으)니까'를 사용해서 말해 보세요.

		이유	제안
보기	언제	주말에 수업이 없다	토요일에 가다
①	어디에	경주는 구경할 것이 많다	경주에 가다
②	누구와	미셸이 한국어를 잘하다	미셸과 같이 가다
③	어디에서	기차역은 복잡하다	기숙사 앞에서 만나다
④	어떻게	주말에 길이 막히다	기차로 가다
⑤	무엇을	길을 잘 모르다	지도를 가져가다

A 언제 여행을 갈까요?

B 주말에 수업이 없으니까 토요일에 갑시다.

· 방학
· 산
· 지도

어휘

편의 시설

11

공원

병원

약국

편의점

꽃집

주유소

안경점

문구점

세탁소

PC방

사진관

빵집

Part 2

들어 봅시다

대중교통 이용에 대한 대화 듣기

01 다음은 지하철 노선도입니다. 다음 노선표를 보고 이대역에서 압구정역까지 어떻게 가겠습니까? 서로 이야기해 보세요.

02 다음은 박현미 씨와 장소이 씨의 대화입니다. 잘 듣고 물음에 답하세요. 12

(1) 장소이 씨는 압구정동에 어떻게 갈 겁니까?

① 

② 

③ 

(2) 다음 중 박현미 씨가 말한 교통 카드의 장점은 무엇입니까? 모두 고르세요.

① 갈아탈 때 할인을 받을 수 있다.

② 갈아탈 때 표를 사지 않아도 된다.

③ 현금으로 내는 것보다 할인이 된다.

④ 친구의 교통비를 같이 계산해 줄 수 있다.

⑤ 카드를 쓰고 남은 돈은 현금으로 돌려받을 수 있다.

(3) 맞는 것에 ✔표 하세요.

① 장소이 씨는 지금 교통 카드가 없다. 네 _____ 아니요 _____

② 압구정동까지 지하철로 40분 정도 걸린다. 네 _____ 아니요 _____

③ 버스 타는 곳에서 교통 카드를 살 수 있다. 네 _____ 아니요 _____

· 장점
· 할인
· 현금
· 교통비
· 계산하다
· 남다
· 돌려받다

말해 봅시다

한국 생활에 대해 조언하기

한국에 온 지 얼마 안 된 친구가 한국 생활에 대해 궁금한 것이 많습니다. 무엇이 궁금한지 묻고 조언해 주세요.

Try it! 말풍선을 따라 대화를 구성해 보세요.

	나타샤 친구에게 한국 생활에 대해 묻고 친구가 모르는 정보를 알려 주세요.	**티엔** 친구에게 한국 생활에 대한 궁금한 점을 물어보세요.
1. 한국 생활에 대해 묻기	인사 한국 생활?	한국 | 오다 + 얼마 안 되다 + 모르는 게 많다 한국 | 오래 살았다?
2. 겨울 날씨에 대해 묻기	5년 처음 | 오다 + 익숙하지 않다 + 힘들었다 궁금한 게 있다 + 물어보다	겨울 날씨?
3. 한국 날씨에 맞는 옷 조언하기	눈 | 많이 오다 춥다 + 외투 | 장갑 + 준비하다	베트남 | 겨울옷 | 안 가져왔다 어디 | 사다?
4. 쇼핑 장소의 위치 말하기	신촌역 근처 | 할인마트 | 있다 걷다 + 5분 걸리다	한번 가 보다 고맙다

표현

■ 어떤 일에 대해 아는 정도 표현하기

다 알아요.
하나도 몰라요.
별로 아는 게 없어요.
아직 모르는 게 많아요.
들어서 어느 정도는 알고 있어요.

대화

13

나타샤 안녕하세요? 티엔 씨, 한국 생활은 어때요?

티엔 한국에 온 지 얼마 안 돼서 아직 모르는 게 많아요. 나타샤 씨는 한국에서 오래 살았지요?

나타샤 네. 한 5년 정도 된 것 같아요. 저도 처음에 왔을 때 익숙하지 않아서 힘들었어요. 티엔 씨, 궁금한 게 있으면 물어보세요.

티엔 한국의 겨울 날씨는 어때요?

나타샤 겨울에는 눈이 많이 와요. 그리고 정말 추우니까 두꺼운 외투와 장갑을 꼭 준비하세요.

티엔 그래요? 베트남에서 겨울옷을 안 가져왔어요. 어디에서 사면 좋아요?

나타샤 신촌역 근처에 할인 마트가 있어요. 걸어서 5분쯤 걸려요.

티엔 그렇군요. 한번 가 볼게요. 고마워요.

확장

여러분의 친구가 한국 생활에 대해 조언을 구합니다. 한국의 날씨, 물가, 교통 등에 대해 친구에게 이야기해 주세요.

	한국 생활 정보	조언
날씨	여름에 장마가 있다	장마철에 우산을 가지고 다니다
교통	출근 시간에 길이 많이 막히다	지하철을 이용하다 출퇴근 시간을 피하다

· 처음 · 익숙하다 · 힘들다 · 눈 · 외투 · 할인 마트 · 조언 · 날씨 · 장마 · 장마철 · 가지고 다니다
· 출근 · 출퇴근 시간 · 피하다

읽고 써 봅시다

경험담 읽고 쓰기

01 여러분은 다음과 같은 상황을 어떻게 생각합니까? 여러분의 생각을 이야기해 보세요.

02 다음은 말하기 시간에 마이클 씨가 발표한 내용입니다. 잘 읽고 물음에 답하세요. 14

시원하다?

여러분! 여러분은 운동을 한 후에 시원한 음료수를 마시면 뭐라고 말합니까? 아마 "시원해요."라고 말할 겁니다. 우리가 알고 있는 '시원하다'에 맞는 것은 냉장고에서 꺼낸 맥주나 콜라, 에어컨의 찬바람 같은 것입니다.

그런데 저는 얼마 전에 이상한 경험을 했습니다. 어느 날 저는 대중목욕탕에 갔습니다. 거기에서 아저씨 한 분이 물에 들어갈 때 "아, 시원하다."라고 하는 말을 듣고 저도 물에 들어갔습니다. 그 순간 저는 깜짝 놀라서 "앗! 뜨거워."라고 소리를 질렀습니다. 물이 정말 뜨거웠거든요.

비슷한 일이 또 있었습니다. 우리 반 친구와 같이 밥을 먹으러 식당에 갔습니다. 친구와 밥을 먹는 동안 옆 테이블에 앉은 사람이 뜨거운 국물을 마실 때 "아, 시원하다."라고 말했습니다. 분명히 그 국은 뜨거운 국물이었습니다. 정말 이상했습니다. 제가 배운 '시원하다'는 차가운 것을 의미합니다. 그런데 왜 한국 사람들은 뜨거운 것을 '시원하다'라고 말할까요? 여러분은 이런 일을 경험한 적이 있습니까?

저는 한국에 온 지 얼마 안 됐으니까 한국말을 잘하지 못합니다. 앞으로 한국말을 배우는 동안 지금은 이해하지 못한 한국 사람들의 생각과 한국 문화를 조금씩 이해하고 싶습니다.

- 냉장고
- 꺼내다
- 맥주
- 콜라
- 에어컨
- 찬바람
- 얼마
- 이상하다
- 경험
- 대중목욕탕
- 한 분
- 뜨겁다
- 소리를 지르다
- 비슷하다
- 테이블
- 국물
- 분명히
- 차갑다
- 이해하다
- 조금씩

(1) 마이클 씨가 생각하는 '시원하다'의 의미에 해당되는 것은 무엇입니까?

① 밀린 빨래를 다 했다. ② 삼계탕 국물을 마신다.

③ 냉장고에서 꺼낸 수박을 먹는다.

(2) 맞는 것에 ✓표 하세요.

① 아저씨는 마이클 씨에게 "물이 차가워요."라고 말해 주었다. 네 _____ 아니요 _____

② 마이클 씨는 '시원하다'의 여러 의미를 다 알지 못했다. 네 _____ 아니요 _____

03 여러분이 한국에서 경험한 일을 써 보세요.

(1) 여러분은 한국에 와서 많은 경험을 했을 겁니다. 그중에서 여러분 나라와 다른 경험을 한 적이 있습니까? 여러분의 경험을 메모해 보세요.

Ⅰ. 들어가는 말: ______________________________

____

Ⅱ. 경험한 일: ______________________________

____

1. ______________________________

____

2. ______________________________

____

Ⅲ. 맺는 말: ______________________________

____

(2) 위 메모를 바탕으로 한국에서 경험한 일을 써 보세요.

문화

한국인의 감탄어

여러분은 놀랐을 때와 감동받았을 때 또는 새로운 사실을 알게 되었을 때 어떤 말이 먼저 나옵니까? 한국 사람들은 놀라거나 기대하지 못한 상황에서 어떻게 말할까요? 한번 생각해 보세요.

한국 사람들은 보통 너무 놀랐거나 당황해서 할 말이 없을 때 '세상에, 어머나, 말도 안 돼'라고 말합니다. 그리고 새로운 사실을 알게 되었을 때는 '아!, 아하!'라고 말합니다. 실수를 했을 때 '어, 어머, 아이고, 어떡해, 아휴'라고 말합니다. 멋있는 것을 보면 '와!, 야!'라고 말하기도 합니다. 이러한 말들은 생각을 해서 하는 말이 아니라 입에 익어서 습관적으로 자연스럽게 나오는 감탄어들입니다.

한국 사람들이 어떤 감탄 표현을 사용하는지 여러분들도 한번 유심히 관찰해 보세요. 여러분이 갑작스러운 상황에서 이런 한국인들의 습관적인 감탄어까지 표현할 수 있다면 그때는 이미 한국 사람처럼 느끼고 생각하고 말하고 있는 것은 아닐까요?

01 한국 사람들은 실수를 했을 때 먼저 어떤 말이 나옵니까?

02 여러분 나라에서는 깜짝 놀랐을 때 어떤 감탄어를 말합니까?

제3과

즐거운 여행

제 3 과 즐거운 여행

Part 1	준비합시다 1	–기로 하다
	준비합시다 2	–(으)ㄹ래요
	준비합시다 3	–(으)ㄴ 적이 있다
	어휘	여행지에서
Part 2	들어 봅시다	관광 상품 소개하는 대화 듣기
	말해 봅시다	여행 계획 세우기
	읽고 써 봅시다	기행문 읽고 쓰기
	문화	제주 올레길

Part 1

준비합시다

01 -기로 하다

15

친구와 여행 약속을 했습니다. 약속한 것을 어떻게 말할까요?

A 우리 언제 여행을 떠나기로 했지요?

B 토요일 아침에 가기로 했어요.

문법

V + 기로 하다

'-기로 하다'는 어떤 일을 할 것을 결정하거나 결심, 약속할 때 사용한다.

자음 + 기로 하다 예 찾기로 하다　　모음 + 기로 하다 예 가기로 하다

연습

여러분은 다음과 같은 일정이 있습니다. 어떤 약속이 있는지 '-기로 하다'를 사용해서 말해 보세요.

	보기 일	① 월	② 화	③ 수	④ 목	⑤ 금	⑥ 토
	오전 8시	오후 1시	오후 3시	수업 후	수업 후	오후 6시	오전 11시
	동생과 조깅	친구와 도서관	백화점에서 쇼핑	선생님과 상담	친구와 숙제	친구와 영화	후배와 점심

· 상담

A 일요일 아침에 뭐 할 거예요? 시간 있으면 같이 테니스를 칠까요?

B 미안해요. 시간이 안 돼요. 동생과 조깅하기로 했어요.

02 -(으)ㄹ래요

두 사람은 여행 계획을 세우고 있습니다. 다른 사람의 의견을 물어볼 때 어떻게 말하면 좋을까요?

A 이번 휴가 때 어디에 갈래요? 바다로 갈래요?

B 네, 좋아요. 바다에서 회도 먹고 해수욕도 해요.

문법

V + (으)ㄹ래요

'-(으)ㄹ래요'는 어떤 일이나 선택에 대해서 상대방의 의사나 의향을 물을 때 사용한다.

자음 + 을래요 예 먹을래요　　모음, ㄹ + ㄹ래요 예 갈래요, 만들래요

Tip 질문에 대한 대답으로 '-(으)ㄹ래요'를 사용할 때는 말하는 사람의 의지, 의사가 있음을 나타낸다.
예 A: 뭘 먹고 싶어요? B: 저는 비빔밥을 먹을래요.

연습

다음은 여행과 관련된 질문입니다. '-(으)ㄹ래요'를 사용해서 물어보세요.

	질문	선택	
보기	가져가다	배낭	여행용 가방
①	타고 가다	기차	비행기
②	앉다	창가 자리	통로 자리
③	묵다	저렴한 호텔	시설이 좋은 호텔
④	구경하다	시내	유적지
⑤	기념품을 사다	시장	면세점

A 이번에 여행갈 때 어떤 가방을 가져갈래요? 배낭을 가져갈래요?

B 아니요. 여행용 가방을 가져갈래요.

- 해수욕
- 배낭
- 통로
- 저렴하다
- 시설
- 시내
- 면세점

03 -(으)ㄴ 적이 있다

17

여러분은 과거에 어떤 경험을 했습니까? 과거의 경험을 말할 때 어떻게 표현할까요?

A 왕카이 씨, 한라산에 가 본 적이 있어요?

B 아니요, 한 번도 가 본 적이 없어요.

문법

V + (으)ㄴ 적이 있다

'-(으)ㄴ 적이 있다, 없다'는 과거의 경험한 일이 있고 없음을 나타낼 때 사용한다.

자음 + 은 적이 있다 예 먹은 적이 있다

모음, ㄹ + ㄴ 적이 있다 예 간 적이 있다, 산 적이 있다

연습

다음은 여러분의 고등학교 때 경험을 묻는 설문지입니다. '-(으)ㄴ 적이 있다', '-(으)ㄴ 적이 없다'를 사용해서 말해 보세요.

	질문	대답	
보기	술을 마셨습니까?	☑ 네	☐ 아니요
①	1등을 했습니까?	☐ 네	☑ 아니요
②	성인 영화를 봤습니까?	☑ 네	☐ 아니요
③	외모 때문에 고민을 했습니까?	☑ 네	☐ 아니요
④	혼자서 멀리 여행을 했습니까?	☐ 네	☑ 아니요
⑤	학교에 가기 싫어서 안 갔습니까?	☐ 네	☑ 아니요

A 고등학교 때 술을 마신 적이 있습니까?

B 네, 술을 마신 적이 있습니다. 수학여행 때 마셔 봤습니다.

- 성인 영화
- 외모
- 고민을 하다
- 수학여행

어휘

여행지에서 18

해수욕을 하다

일광욕을 하다

단풍 구경을 하다

벚꽃 구경을 하다

기념품을 사다

유명한 음식을 먹다

전통 공연을 보다

그림을 관람하다

유적지를 구경하다

Part 2

들어 봅시다

관광 상품 소개하는 대화 듣기

01 여기는 어디입니까? 사람들은 보통 이곳에서 무엇을 합니까? 서로 이야기해 봅시다.

02 다음은 여행사 직원과 마이클 씨의 대화입니다. 잘 듣고 물음에 답하세요. 19

(1) 마이클 씨는 왜 여행사에 갔습니까?

① 관광 일정을 변경하려고 ② 예약한 관광 상품을 확인하려고

③ 서울 관광 상품을 알아보려고

(2) 다음은 '고궁 투어'와 '시내 투어'에 대한 관광 상품 안내지입니다. 빈칸에 관광 일정을 써 보세요.

고궁 투어	시내 투어
창경궁 구경하기	명동 구경하기
⬇	⬇
경복궁 구경하기	
⬇	⬇
한복 입고 사진 찍기	케이블카 타기
⬇	⬇
	서울타워에서 야경 보기

(3) 맞는 것에 ✔표 하세요.

① 고궁 투어와 시내 투어 모두 가이드가 있다. 네 ______ 아니요 ______

② 마이클 씨는 관광 상품을 바로 예약했다. 네 ______ 아니요 ______

· 일정
· 관광 상품
· 고궁
· 투어

말해 봅시다

여행 계획 세우기

여러분은 친구와 함께 여행을 가려고 합니다. 여행 가서 무엇을 하고 싶습니까? 여행지, 일정, 구경할 것 등에 대한 계획을 세우세요.

Try it!

말풍선을 따라 대화를 구성해 보세요.

	왕카이 친구와 여행을 가려고 합니다. 여행 장소, 일정, 구경할 것에 대한 계획을 친구와 세우세요.	이치로 여행 장소를 제안하고 거기에서 무엇을 할 수 있는지 이야기해 주세요. 그리고 친구와 여행 계획을 세우세요.
1. 여행지 제안하기	다음 주말 | 여행가기로 했다? 여행 계획 | 세우다?	어디 | 가고 싶다? 설악산 | 가다? 설악산 | 가 본 적이 없다
2. 여행지에 대한 정보 주기	설악산 | 가다 + 보통 뭐 하다?	단풍 구경을 하다 차를 타다 + 조금 가다 + 바다도 보다
3. 여행 일정 묻기	거기 | 가다 + 좋다 설악산 | 가다	거기 | 며칠 묵다?
4. 호텔 예약하기	2박 3일 | 좋다	주말 | 단풍 구경을 오다 + 사람들이 많다 빨리 호텔을 예약하다
5. 교통편 알아보기	저 | 호텔 | 예약하다 이치로 씨 | 버스 | 알아보다	

표현

■ 여행 일정 묻고 답하기

A: 며칠 동안 묵을까요?/
몇 박 며칠 있을까요?

B: 일주일이요./
2박 3일 정도가 좋겠어요.

대화

20

왕카이 이치로 씨, 다음 주말에 여행가기로 했지요? 우리 지금 여행 계획을 세울까요?

이치로 네, 좋아요. 왕카이 씨는 어디에 가고 싶어요? 우리 설악산에 갈래요? 설악산에 가 본 적이 없어요.

왕카이 그런데 설악산에 가면 보통 뭐 해요?

이치로 단풍 구경을 할 수 있어요. 그리고 차를 타고 조금 가면 바다도 볼 수 있어요.

왕카이 그래요? 거기에 가면 정말 좋겠어요. 설악산에 갑시다.

이치로 거기에서 며칠 묵을까요?

왕카이 2박 3일 정도가 좋겠어요.

이치로 그런데 주말에는 단풍 구경을 오는 사람들이 많을 거예요. 빨리 호텔을 예약합시다.

왕카이 네, 제가 호텔을 예약할게요. 이치로 씨는 버스를 알아봐 주세요.

확장

친구와 여행을 갈 겁니다. 친구와 어디로, 언제 갈까요? 거기에서 무엇을 할까요? 계획을 세워 보세요.

여행지(일정)	할 수 있는 일
전주(1박 2일)	한옥 마을을 구경하다, 한지 공예를 해 보다, 전주비빔밥을 먹다
제주도(3박 4일)	한라산을 등산하다, 해수욕을 하다, 말을 타다, 회를 먹다

· 단풍 · 묵다 · 알아보다 · 한옥 마을 · 한지 공예 · 전주비빔밥

읽고 써 봅시다

기행문 읽고 쓰기

01 여기는 어디일까요? 이곳에 가면 무엇을 볼 수 있는지 이야기해 보세요.

02 다음은 왕카이 씨가 경주에 다녀와서 쓴 기행문입니다. 잘 읽고 물음에 답하세요. 21

경주에 다녀와서

나는 이번 방학에 친구와 함께 경주에 갔다. 우리는 2박 3일 동안 경주를 여행하기로 하고 아침 일찍 서울을 떠났다.

경주에 도착한 후 친구가 "먼저 시내를 구경할래요?"라고 내게 물었다. 나는 고속버스 안에서 시간을 많이 보내서 피곤했다. 그래서 "우리 호텔에서 짐을 풀고 좀 쉬어요."라고 말했다. 그래서 우리는 호텔에서 조금 쉬고 숙소 근처에 있는 호숫가에 갔다. 우리는 벚꽃 나무 밑에서 사진을 찍었다. 그리고 호숫가도 산책했다.

다음날 새벽에 해돋이를 보러 토함산에 갔다. 그곳에 벌써 사람들이 많이 있었다. 그런데 구름이 많이 껴서 해가 뜨는 모습을 볼 수 없었다. 정말 아쉬웠다. 우리는 그다음에 토함산에 있는 불국사를 구경했다.

마지막 날 경주 시내에 있는 박물관을 구경했다. 경주는 도시 전체에 여러 유적지와 문화재가 있어서 구경할 게 아주 많은 곳이다. 그래서 우리는 유적지 중에서 가장 큰 왕의 무덤을 구경하고 박물관에 갔다. 박물관에는 옛 물건들과 문화재가 아주 많았다.

경주에는 더 구경할 곳이 많았지만 서울로 돌아가야 할 시간이 다 돼서 더 볼 수 없었다. 조금 아쉬웠지만 우리는 서울로 출발했다.

- 고속버스
- 호숫가
- 벚꽃
- 해돋이
- 토함산
- 구름이 끼다
- 아쉽다
- 무덤
- 문화재

(1) 맞는 것에 ✔표 하세요.

① 나는 방학에 경주를 여행했다. 네 ______ 아니요 ______

② 나는 경주에서 이틀 동안 묵었다. 네 ______ 아니요 ______

③ 나는 경주의 유적지를 거의 다 구경했다. 네 ______ 아니요 ______

(2) 다음 사진을 보고 왕카이 씨가 경주에서 무엇을 했는지 순서대로 번호를 쓰고 말해 보세요.

(1)

( )

( )

( )

03 여러분은 어디를 여행해 봤습니까? 가장 기억에 남는 곳은 어디였습니까? 그곳에 대한 기행문을 써 보세요.

(1) 여행한 곳을 다음에 메모해 보세요.

Ⅰ. 들어가는 말: ______________________

Ⅱ. 여행 일정: ______________________

____

1. 첫째 날 ______________________

____

2. 둘째 날 ______________________

____

Ⅲ. 여행한 후의 느낌: ______________________

____

Ⅳ. 맺는 말: ______________________

(2) 위 메모를 보고 기행문을 써 보세요.

문화

제주 올레길

한국인들에게 가장 인기가 많은 제주도는 한국 남쪽에 위치한 섬 지역으로 감귤과 돌하르방으로 유명한 한국 최대의 관광지입니다. 특히 제주도 하면 올레길이 유명한데 제주도의 걷기 좋은 길들을 선정하여 개발한 도보여행 코스입니다. 제주 사투리로 '올레'는 차가 다니지 않는 길입니다. 특히 도로에서 집 앞 대문까지 이어지는 작은 길을 말합니다.

2007년 9월 8일에 제1코스가 개발된 이래, 2012년 9월 15일에 제21코스까지 개장되었습니다. 각 코스는 일반적으로 길이가 15km 이내이며, 평균 소요시간이 5~6시간 정도입니다. 주로 제주의 해안지역을 따라 골목길, 산길, 들길, 해안길, 오름 등을 연결하여 구성되며, 제주 주변의 작은 섬을 도는 코스도 있습니다.

아름다운 섬 제주를 걸어서 한 바퀴 돌면서 제주의 뛰어난 경치와 작은 섬들의 각각 다른 매력을 느낄 수 있습니다. 제주의 아름다운 바다와 돌담, 사시사철 푸른 들, 평화로운 마을을 품고 있는 제주올레는 세상에서 가장 아름답고 평화로운 길입니다. 제주올레는 자연과 하나가 되어 여유롭게 산책하고 명상에 잠길 수 있는 한국의 명소 중의 하나입니다.

01 제주 올레길을 걸으면 어떤 점이 좋습니까?

02 여러분 나라 사람들이 선화하는 여행지는 어디입니까? 선호하는 이유에 대해서 이야기해 보세요.

제4과

요리와 요리법

제 4과 요리와 요리법

Part 1

준비합시다 1	–기 때문에
준비합시다 2	–고 나서
준비합시다 3	–게
어휘	요리법

Part 2

들어 봅시다	전화로 음식 배달 주문하는 대화 듣기
말해 봅시다	요리법 알려주기
읽고 써 봅시다	요리법에 대한 글 읽고 쓰기
문화	명절과 음식

Part 1

준비합시다

01 –기 때문에

22

어떤 일의 이유나 원인을 설명할 때 어떻게 말할까요?

A **왜 오후에는 커피를 안 마셔요?**

B **오후에 마시면 잠을 못 자기 때문에 안 마셔요.**

문법

A/V + 기 때문에

'–기 때문에'는 어떤 일의 원인이나 까닭을 나타낼 때 사용한다.

자음 + 기 때문에 예 많기 때문에, 먹기 때문에

모음 + 기 때문에 예 비싸기 때문에, 가기 때문에

Tip N + 때문에

'때문에'는 명사와 함께 쓰여 어떤 일의 이유나 원인을 나타낼 때 사용한다. 'N + 때문이다'로 쓰이기도 한다.

예 날씨 때문에, 시험 때문에 요즘 계속 비가 오는 것은 장마 때문입니다.

연습

사람들이 다음의 식당에 자주 가는 이유는 무엇입니까? '–기 때문에'를 사용해서 말해 보세요.

	이름	자주 가는 식당	이유
보기	티엔	한식집	음식이 맛있다
①	장소이	분식집	메뉴가 다양하다
②	이치로	중국집	양도 많고 맛있다
③	왕카이	학생 식당	싸고 깨끗하다
④	미셸	이탈리아 식당	스파게티를 좋아하다

· 분식집

A 티엔 씨, 보통 어디에서 점심을 먹어요?

B 보통 한식집에서 먹어요.

A 왜 거기에 자주 가요?

B 음식이 맛있기 때문에 자주 가요.

02 -고 나서

23

어떤 일을 끝내고 그 다음에 한 일을 말할 때 어떻게 말하면 좋을까요?

A 생일 파티가 재미있었어요?

B 네. 친구들과 식사하고 나서 노래방에도 갔어요.

문법

V + 고 나서

'-고 나서'는 어떤 행위를 끝내고 다른 행위를 하거나 어떤 상황이 일어남을 나타낼 때 사용한다.

자음 + 고 나서 예 먹고 나서　　모음 + 고 나서 예 가고 나서

연습

다음 일을 언제 할 것인지 '-고 나서'를 사용해서 말해 보세요.

보기	대학을 졸업하다	→	그 사람과 결혼하다
①	빨래를 하다	→	청소를 하다
②	이 일을 끝내다	→	모임 장소로 출발하다
③	은행에서 돈을 찾다	→	부모님 선물을 사러 가다
④	친구에게서 전화를 받다	→	친구에게 답장을 쓰다

A 언제 그 사람과 결혼할 거예요?

B 대학을 졸업하고 나서 결혼할 거예요.

03 -게

24

미용실에서 여러분이 원하는 머리 모양을 말할 때 어떻게 말할까요?

A 앞머리는 어떻게 잘라 드릴까요?

B 조금 짧게 잘라 주세요.

문법

A + 게

'-게'는 뒤에 나오는 행위나 상태의 방식, 정도를 나타낼 때 사용한다.

자음 + 게 ⓔ 짧게　　모음 + 게 ⓔ 예쁘게

연습

다음에서 알맞은 단어를 골라 '-게'를 사용하여 대화를 완성하세요.

깨끗하다 · 크다 · 쉽다 · 예쁘다 · 맛있다

보기	A: 사과를 씻을까요? B: 네, 깨끗하게 씻어 주세요.
①	A: 여자 친구가 어떻게 생겼어요? B: 귀엽고 ________________ 생겼어요.
②	A: 잘 들려요? B: 아니요, 잘 안 들려요. 좀 더 ________________ 말씀해 주세요.
③	A: 뭘 이렇게 많이 차리셨어요. B: 차린 것은 없지만 ________________ 드세요.
④	A: 설명을 들었으니까 이제 이해할 수 있겠지요? B: 아니요. 죄송하지만 다시 ________________ 설명해 주시겠어요?

· 앞머리
· 씻다
· 들리다

어휘

요리법

25

썰다

볶다

섞다

찌다

굽다

삶다

튀기다

부치다

반죽하다

기름을 두르다

껍질을 벗기다

된장을 풀다

Part 2

들어 봅시다

전화로 음식 배달 주문하는 대화 듣기

01 이 사람은 지금 어디에 전화합니까? 서로 이야기해 보세요.

02 다음은 나타샤 씨의 전화 내용입니다. 잘 듣고 물음에 답하세요. 26

(1) 나타샤 씨는 지금 무엇을 하고 있습니까?

① 음식을 주문하고 있다.
② 가게 위치를 묻고 있다.
③ 음식의 종류를 묻고 있다.

(2) 배달이 늦게 오는 이유는 무엇입니까?

① 배달하는 사람이 많지 않기 때문에
② 배달 가야 할 곳이 아직 많기 때문에
③ 배달 가는 길이 많이 막혀 있기 때문에

(3) 맞는 것에 ✔표 하세요.

① 나타샤 씨는 매운 음식을 좋아해서 매운 걸로 주문했다. 네 ______ 아니요 ______
② 이 가게에 닭을 시키면 콜라를 무료로 준다. 네 ______ 아니요 ______
③ 나타샤 씨는 현금으로 계산할 것이다. 네 ______ 아니요 ______

· 배달하다
· 닭
· 무료

말해 봅시다

요리법 알려 주기

친구들을 위해 김치전을 만들어 주려고 합니다. 한국 친구에게 김치전 만드는 방법을 물어보세요.

1. 밀가루에 물을 붓다

2. 젓다

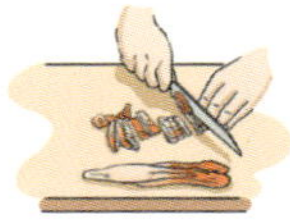

3. 김치를 작게 썰다

4. 그 김치를 반죽에 넣고 섞다

5. 골고루 섞다

6. 프라이팬에 기름을 두르고 부치다

Try it!

말풍선을 따라 대화를 구성해 보세요.

	나타샤 은경에게 전화해서 김치전 만드는 방법을 물어보세요.	**김은경** 나타샤가 전화로 김치전 만드는 방법을 물어봅니다. 방법을 알려 주세요.
1. 인사하기	여보세요, 은경 씨 있다?	저이다 나타샤 씨이다?
2. 음식 만드는 방법 묻기	혹시 김치전 만드는 방법 ǀ 알다?	알다 그런데 왜?
3. 음식 만드는 방법 알려 주기 ①	내일 친구들 ǀ 우리 집 ǀ 오다 그때 김치전 ǀ 하다	어렵다 × 먼저 밀가루 ǀ 물 ǀ 붓다 + 잘 젓다
4. 음식 만드는 방법 알려 주기 ②	그다음?	김치 ǀ 작게 썰다 + 그 김치 ǀ 반죽 ǀ 넣다 + 섞다 골고루 섞다 + 프라이팬 ǀ 기름 ǀ 두르다 + 부치다
5. 더 넣으면 좋은 것 알려 주기	더 넣을 건 없다?	김치 ǀ 같이 오징어 ǀ 넣다 + 더 맛있다
6. 감사 인사하기	고맙다 한번 만들어 보다	친구들 ǀ 맛있다 + 먹다

표현

■ 음식 만드는 방법 묻기

(김치전)은 어떻게 해요? (김치전) 만드는 방법을 알아요?
(김치전)을 어떻게 만들어요? (김치전) 만드는 방법을 알려 주세요.

대화

27

나타샤 여보세요, 은경 씨 있어요?
김은경 저예요. 나타샤 씨예요?
나타샤 네. 은경 씨, 혹시 김치전 만드는 방법을 알아요?
김은경 알아요. 그런데 그건 왜요?
나타샤 내일 친구들이 우리 집에 와요. 그때 김치전을 하려고요.
김은경 그래요? 그거 어렵지 않아요. 먼저 밀가루에 물을 부은 다음에 잘 저으세요.
나타샤 그다음은요?
김은경 그리고 김치를 작게 썰고 그 김치를 반죽에 넣고 섞으세요. 골고루 섞고 나서 프라이팬에 기름을 두르고 부치세요.
나타샤 더 넣을 건 없어요?
김은경 김치하고 같이 오징어를 넣으면 더 맛있어요.
나타샤 네, 고마워요. 한번 만들어 볼게요.
김은경 친구들과 맛있게 드세요.

Tip ㅅ 불규칙
'ㅅ'으로 끝나는 동사들 중 일부는 모음으로 시작되는 어미가 오면 어간의 'ㅅ'이 탈락한다.
낫 + 아요 → 나아요 붓 + 으면 → 부으면

확장

요리를 잘하는 친구에게 만들고 싶은 음식의 요리법을 물어보세요.

음식 이름	만드는 방법
카레라이스	1. 쇠고기, 감자, 당근, 양파를 써세요. 2. 프라이팬에 기름을 두르고 쇠고기, 감자, 당근, 양파를 볶으세요. 3. 볶은 쇠고기, 감자, 당근, 양파를 냄비에 넣고 물을 부으세요. 4. 물이 끓으면 카레 가루를 조금씩 넣고 저으세요. ※ 다른 채소와 같이 브로콜리를 넣으면 더 맛있다.

· 김치전 · 밀가루 · 붓다 · 젓다 · 반죽 · 골고루 · 프라이팬 · 오징어 · 카레라이스 · 쇠고기 · 감자 · 당근
· 양파 · 냄비 · 브로콜리

읽고 써 봅시다

요리법에 대한 글 읽고 쓰기

01 다음은 음식을 만드는 사진입니다. 무슨 음식을 만들고 있는지 이야기해 보세요.

02 다음은 된장찌개를 끓이는 방법입니다. 잘 읽고 물음에 답하세요. 28

된장찌개

재료 | 된장 3큰술, 쇠고기 100g, 호박 1/2개, 양파 1개, 감자 1개, 두부 70g, 고추 2개, 다진 마늘 1큰술, 파 20g

1 호박, 양파, 감자를 가로, 세로 2cm, 두께 1cm로 써세요.
2 두부는 가로, 세로 3cm, 두께 0.5cm로 썰고, 파도 써세요.
3 냄비에 쇠고기를 넣고 물을 부으세요.
4 국물이 끓으면 국물에 된장을 풀고 호박, 양파, 감자를 넣고 끓이세요.
5 찌개가 끓으면 두부와 고추, 다진 마늘을 넣으세요.
6 먹기 직전에 파를 넣으세요. 파를 일찍 넣으면 파의 향이 없어지기 때문에 맛이 없습니다.

* 하나 더! 쇠고기를 넣지 않고 멸치나 조개를 넣어도 됩니다.
고추 때문에 찌개가 조금 맵습니다. 매운 맛을 싫어하는 사람은 고추를 넣지 마세요.

- 큰술
- 두부
- 고추
- 다지다
- 마늘
- 가로
- 세로
- 두께
- 직전
- 향
- 없어지다
- 멸치
- 조개

(1) 된장찌개를 만들 때 필요한 재료는 무엇입니까?

①

②

③

(2) 맞는 것에 ✓표 하세요.

① 된장을 풀고 채소를 넣는다. 네 ______ 아니요 ______

② 파는 처음부터 넣고 끓인다. 네 ______ 아니요 ______

③ 쇠고기, 멸치, 조개를 모두 넣으면 더 맛있다. 네 ______ 아니요 ______

(3) 다음 사진을 보고 된장찌개를 끓이는 순서대로 번호를 써 보세요. 그리고 순서에 따라 끓이는 방법을 이야기해 보세요.

(1)

(   )

(   )

(   )

03 여러분이 잘하는 음식의 요리법을 써 보세요.

(1) 여러분이 잘 만드는 음식은 무엇입니까? 여러분이 만들 수 있는 음식을 선택하여 그 음식의 재료, 만드는 방법을 메모해 보세요.

Ⅰ. 음식 이름: ______________________

Ⅱ. 재료: ______________________

Ⅲ. 만드는 방법

1. ______________________
2. ______________________
3. ______________________
4. ______________________

(2) 위의 메모를 바탕으로 잘하는 음식의 요리법을 써 보세요.

문화

명절과 음식

한국의 대표적인 명절에는 설날과 추석이 있습니다. 설날은 새해가 시작하는 날이고, 추석은 가을에 한 해의 농사를 끝내고 수확한 것을 조상들에게 감사하는 날입니다. 그래서 설날과 추석에는 가족, 친척들이 함께 모여 조상들에게 차례를 지내고 맛있는 음식을 해서 나눠 먹습니다.

그런데 설날과 추석에 먹는 음식이 좀 다릅니다. 설날에는 떡국을 끓여 먹습니다. 떡국은 쇠고기 국물에 가래떡을 썰어 넣고 끓인 국을 말합니다. 한국 사람들은 설날에 떡국을 먹어야 나이를 한 살 더 먹는다고 생각합니다. 그리고 추석에는 송편을 만들어 먹습니다. 송편은 보통 가을에 거둔 햅쌀에 콩, 깨를 넣어 찐 떡입니다. 추석 전날 가족들이 모여 앉아 보름달을 보면서 송편을 빚는데 반달 모양의 송편이 보름달처럼 발전하기를 기원하는 의미가 있습니다. 그리고 송편을 잘 빚으면 예쁜 딸을 낳는다고 합니다.

01 설날과 추석에는 어떤 음식을 만들어 먹습니까? 서로 이야기해 보세요.

02 여러분 나라에서는 명절에 무엇을 먹습니까? 그 음식은 어떤 음식인지 이야기해 보세요.

제5과

쇼핑

제 5과 쇼핑

Part 1	준비합시다 1	-(으)ㄹ까요
	준비합시다 2	-(으)ㄴ/는/(으)ㄹ 것 같다
	준비합시다 3	-아/어서
	어휘	쇼핑
		쇼핑 장소
Part 2	들어 봅시다	휴대 전화 교환에 대한 대화 듣기
	말해 봅시다	옷에 어울리는 구두 추천하기
	읽고 써 봅시다	제품 사용 후기 읽고 쓰기
	문화	재래시장

Part 1

준비합시다

01 -(으)ㄹ까요

29

어떤 일에 대해서 추측하여 물어볼 때 어떻게 말할까요?

A 이 바지가 저한테 맞을까요?

B 네. 이게 손님한테 맞는 사이즈예요.

문법

A/V + (으)ㄹ까요

'-(으)ㄹ까요'는 아직 일어나지 않았거나 모르는 일에 대해 추측하며 물어볼 때 사용한다.

자음 + 을까요 예 작을까요, 입을까요

모음, ㄹ + ㄹ까요 예 힘들까요, 올까요

연습

다음을 보고 '-(으)ㄹ까요'를 사용하여 말해 보세요.

보기	민호 씨 아이가 예쁘다	엄마가 예쁘다 / 아이도 예쁘다
①	이 가방이 비싸다	가죽으로 만들었다 / 비싸다
②	왕카이 씨 생일 선물로 장갑이 괜찮다	요즘 날씨가 춥다 / 필요하다
③	마이클 씨가 빌린 돈을 갚다	월급을 받았다 / 곧 갚다
④	장소이 씨가 그 소식을 알다	인터넷에 기사가 났다 / 아마 봤다
⑤	내일까지 이 일을 마칠 수 있다	다른 사람들이 도와주고 있다 / 끝낼 수 있다

A 민호 씨 아이가 예쁠까요?

B 네. 엄마가 예쁘니까 아이도 예쁠 거예요.

· 사이즈
· 가죽
· 갚다
· 월급
· 기사가 나다

02 -(으)ㄴ/는/(으)ㄹ 것 같다

30

자신이 추측한 것이나 생각한 것을 말할 때 어떻게 말할까요?

A 왜 마이클 씨는 안 왔어요?

B 마이클 씨가 요즘 일이 많아서 아주 바쁜 것 같아요.

문법

A + (으)ㄴ 것 같다, V + (으)ㄴ/는/(으)ㄹ 것 같다, N + 인 것 같다

'-(으)ㄴ/는/(으)ㄹ 것 같다'는 여러 상황으로 미루어 과거, 현재, 미래의 동작이나 현재의 상태를 추측할 때 사용한다. '-(으)ㄴ 것 같다'는 과거의 동작, '-는 것 같다'는 현재의 동작, '-(으)ㄹ 것 같다'는 미래의 동작을 추측할 때 쓴다. 그리고 현재의 상태는 '-(으)ㄴ 것 같다'를 쓴다.

A	자음 + 은 것 같다	예 작은 것 같다
	모음, ㄹ + ㄴ것 같다	예 큰 것 같다, 힘든 것 같다
V	자음 + 은/는/을 것 같다	예 먹은/먹는/먹을 것 같다
	모음, ㄹ + ㄴ/는/ㄹ 것 같다	예 간/가는/갈 것 같다, 연/여는/열 것 같다

연습

다음은 이지훈 교수의 연구실입니다. '-(으)ㄴ/는/(으)ㄹ 것 같다'를 사용해서 말해 보세요.

보기	가르치는 과목	역사	경제
①	나이	30대	40대
②	결혼	결혼했다	결혼 안 했다
③	아이	있다	없다
④	취미	테니스를 치다	여행하다
⑤	잠시 후에 할 일	전화를 받다	책을 읽다

A 이 사람은 무엇을 가르칠까요?

B 책장에 역사에 대한 책이 많으니까 역사를 가르치는 것 같아요.

· 과목
· 경제

03 -아/어서

몸이 아플 때 여러분은 보통 어떻게 합니까? 병원에서 치료를 받지요? 행동을 시간 순서에 따라 말할 때 어떻게 말하면 좋을까요?

A 아픈 건 괜찮아요?

B 네, 많이 나았어요. 병원에 가서 주사를 맞았거든요.

문법

V + 아/어서

'-아/어서'는 행동을 시간 순서에 따라 연결할 때 사용한다.

어간 'ㅏ', 'ㅗ' + 아서　예 가서, 받아서

그 외의 어간 + 어서　예 배워서, 먹어서

연습

수업이 끝난 후에 계속해서 무슨 일을 했는지 말하려고 합니다. '-아/어서'를 사용해서 이야기해 보세요.

보기	학교 선배를 만나다	예금 통장을 만들었다
①	치과에 가다	집들이를 했다
②	집에 친구들을 초대하다	충치를 치료했다
③	후배가 좋아하는 과일을 사다	후배 병문안을 갔다
④	교실에 혼자 남다	숙제를 했다
⑤	은행에 들르다	대학 입학 문제를 상담했다

A 어제 수업 끝나고 뭐 했어요?

B 학교 선배를 만나서 대학 입학 문제를 상담했어요.

· 예금
· 치과
· 통장
· 집들이
· 충치
· 치료하다
· 병문안
· 들르다

어휘

쇼핑

32

영수증

교환

환불

품절

할인

계산

쇼핑 장소

쇼핑몰

아웃렛

면세점

Part 2

들어 봅시다

휴대 전화 교환에 대한 대화 듣기

01 여기는 어디입니까? 이 여자는 무슨 일로 여기에 왔을까요? 서로 이야기해 보세요.

02 다음은 휴대 전화 가게의 점원과 손님의 대화입니다. 잘 듣고 물음에 답하세요. 33

(1) 손님이 휴대 전화를 교환하고 싶어 하는 이유가 아닌 것은 무엇입니까?

① 전화기의 전원이 잘 켜지지 않는다.

② 기능이 너무 많아서 사용할 때 불편하다.

③ 통화할 때 상대방 목소리가 잘 들리지 않는다.

(2) 휴대 전화 교환에 대한 설명으로 맞지 않는 것은 무엇입니까?

① 교환하려면 영수증이 필요하다.

② 같은 색깔의 휴대 전화로만 교환할 수 있다.

③ 산 지 14일이 지나지 않으면 교환이 가능하다.

(3) 맞는 것에 ✔표 하세요.

① 여자들은 은색 휴대 전화를 선호한다. 네 ______ 아니요 ______

② 손님이 휴대 전화를 살 때는 분홍색이 없었다. 네 ______ 아니요 ______

- 켜지다
- 기능
- 통화하다
- 상대방
- 목소리
- 가능하다
- 은색
- 선호하다
- 분홍색

말해 봅시다

옷에 어울리는 구두 추천하기

친구가 옷에 어울리는 구두를 찾고 있습니다. 친구에게 어울리는 구두 색깔과 디자인을 추천해 주세요.

Try it! 말풍선을 따라 대화를 구성해 보세요.

	장소이 친구가 구두를 사려고 합니다. 친구에게 어울리는 구두를 추천해 주세요.	율리아 자신에게 어울리는 구두에 대해 친구에게 물어보세요. 그리고 친구가 추천한 구두에 대한 자신의 생각을 말하세요.
1. 사고 싶은 구두에 대해 묻고 답하기	어떤 구두 | 찾다?	청바지나 정장 | 다 어울리다 + 구두 | 사다 그런 구두 | 없다?
2. 유행하는 구두 추천하기	이 구두? 요즘 유행하는 디자인	너무 높다 + 불편하지 않다? 저 | 높은 구두 | 잘 안 신다
3. 다른 구두 추천하기	이 까만색 구두? 높지 않다 + 디자인 | 세련되다	예쁘다 저한테 어울리다? 너무 화려하지 않다?
4. 추천한 구두를 신어 볼 것을 권하기	화려하지 않다 신어 보다 잘 어울리다	고맙다 장소이 씨 | 도와주다 + 마음에 드는 것 | 찾았다

표현

■ 상대방의 추천에 대해 우회적으로 거절하기

좀 불편하지 않을까요?
좀 더 생각해 봐야겠어요.
좀 더 생각해 보고 결정할게요.
저한테는 안 어울리는 것 같아요.
제가 좋아하는 스타일이 아니어서요.

대화

34

장소이 어떤 구두를 찾고 있어요?
율리아 청바지나 정장에 다 어울리는 구두를 사려고요. 그런 구두가 없을까요?
장소이 이 구두는 어때요? 요즘 유행하는 디자인이에요.
율리아 글쎄요. 그건 너무 높아서 불편하지 않을까요? 저는 높은 구두는 잘 안 신어요.
장소이 그럼 이 까만색 구두는 어때요? 별로 높지 않고 디자인도 세련된 것 같아요.
율리아 정말 예쁘네요. 그런데 저한테 잘 어울릴까요? 너무 화려하지 않아요?
장소이 화려하지 않아요. 한번 신어 보세요. (잠시 후) 어머, 율리아 씨, 정말 잘 어울려요.
율리아 고마워요. 장소이 씨가 도와줘서 마음에 드는 것을 찾았어요.

확장

친구와 옷가게에 옷을 사러 갔습니다. 친구가 언제 입을지, 좋아하는 디자인은 무엇인지 묻고 친구에게 어울리는 옷을 추천해 주세요.

사고 싶은 옷	선호하는 디자인
흰색이나 분홍색 반팔 원피스	너무 화려하지 않은 디자인
회색이나 빨간색 반코트	청바지에 잘 어울리는 디자인

· 정장 · 어울리다 · 세련되다

읽고 써 봅시다

제품 사용 후기 읽고 쓰기

01 다음 제품은 무엇입니까? 제품의 모양은 어떻습니까? 다음 제품으로 무엇을 할 수 있는지 이야기해 보세요.

02 다음은 휴대 전화 사용 후기입니다. 잘 읽고 물음에 답하세요. 35

	상품평	작성자	작성일	평가
아주 만족	친구의 추천으로 이 휴대 전화를 구입했어요. 색은 분홍색이에요. 색도 마음에 들고 크기도 적당해서 가지고 다닐 때 편한 것 같아요. 그리고 재질이 좋아서 잘 긁히지 않을 것 같아요. 제일 마음에 드는 것은 사전이 있어서 모르는 단어의 의미를 찾을 수 있는 거예요. 또 발음을 반복해서 들을 수 있는 기능이 있어서 발음 연습할 때도 편하고요. 그런데 배달원이 친절하지 않아서 그 점이 좀 아쉬웠어요. 그것만 빼면 다 만족스러웠어요. 친구가 좋은 휴대 전화를 알려 줘서 마음에 드는 것을 살 수 있었습니다. 다른 분들에게도 강력하게 추천합니다.	pey****	09. 23	★★★★
보통	대체로 괜찮았어요. 저는 음악을 좋아해서 전화와 음악 듣기 기능을 함께 쓸 수 있는 것이 가장 마음에 듭니다. 그런데 생각보다 색깔이 촌스러워서 별을 3개만 드렸습니다.	fou***	09. 22	★★★
불만족	휴대 전화가 도착해서 확인했을 때 까만색이라서 놀랐습니다. 저는 흰색을 골랐지만 까만색이 도착했습니다. 주문 받은 분이 제대로 주문을 확인하지 않아서 그런 것 같습니다. 정말 짜증이 납니다.	cheri**	09. 22	★

- 제품
- 사용 후기
- 상품평
- 작성자
- 작성일
- 평가
- 재질
- 긁히다
- 반복하다
- 배달원
- 빼다
- 만족스럽다
- 강력하게
- 대체로
- 촌스럽다
- 별
- 복잡하다
- 전원을 누르다

(1) 맞는 것에 ✔표 하세요.

① 첫 번째 글을 쓴 사람은 제품 배달에 만족했다. 네 ______ 아니요 ______

② 두 번째 글을 쓴 사람은 제품 색깔이 마음에 들지 않는다. 네 ______ 아니요 ______

③ 세 번째 글을 쓴 사람은 주문한 것과 다른 것을 받았다. 네 ______ 아니요 ______

(2) 휴대 전화의 기능은 무엇입니까? 모두 고르세요.

① 녹음 기능이 있다.
② 음악을 들을 수 있다.
③ 약속을 메모할 수 있다.
④ 복잡한 계산을 하는 기능이 있다.
⑤ 발음을 반복해서 여러 번 들을 수 있다.

(3) 제품을 받은 고객들이 만족해 하는 이유를 조사하려고 합니다. 고객들이 만족해 하는 이유에 모두 ✔표 하고 말해 보세요.

휴대 전화를 만족해 하는 이유 조사

- ☐ 저렴한 가격 때문에
- ☐ 디자인이 좋기 때문에
- ☐ 제품의 재질이 좋아서
- ☐ 들고 다니기 편해서
- ☐ 제품을 빨리 배달해 줘서
- ☐ 전원을 누를 필요 없이 켜져서

03 제품 사용 후기를 써 보세요.

(1) 여러분이 사용하고 있는 가전제품은 어떻습니까? 제품을 사용한 후 만족스러운 점과 불만족스러운 점을 메모해 보세요.

Ⅰ. 구입한 제품에 대한 소개: ______________________

Ⅱ. 만족스러운 점: ______________________

____

① 제품 모양: ______________________

____

② 기능: ______________________

____

Ⅲ. 불만족스러운 점: ______________________

____

(2) 위의 메모를 바탕으로 제품 사용 후기를 써 보세요.

문화

재래시장

여러분은 한국의 유명한 재래시장에 대해서 알고 있습니까? 재래시장은 예전부터 있어 왔던 시장으로 여기에 가면 여러 가지 물건을 싸게 살 수 있습니다.

특히 재래시장 중에는 채소와 과일, 수산물, 의류 등을 전문적으로 파는 시장이 있습니다. 서울 가락동에 있는 청과물 시장은 신선한 채소와 과일을 싸게 살 수 있어서 주부들 사이에서 매우 인기가 높습니다. 그리고 서울 노량진 수산시장에서는 생선과 같은 수산물을 싸게 팝니다. 또 서울 동대문 시장은 옷과 신발, 액세서리 등을 저렴하게 팝니다.

사람들이 열심히 사는 모습을 구경하고 싶으면 시장에 가 보라고 합니다. 여러분도 재래시장에 가서 여러 가지 물건도 구경하고 한국 사람들이 어떻게 사는지도 구경해 보세요. 아주 재미있을 겁니다.

01 재래시장 중 전문적으로 물건을 파는 곳은 어디이고 거기서는 어떤 물건을 팔고 있습니까?

02 여러분 나라에는 어떤 시장이 있습니까? 서로 이야기해 보세요.

제6과

건강한 생활

제 6 과 건강한 생활

Part 1	준비합시다 1	-겠-
	준비합시다 2	-아/어서 그런지
	준비합시다 3	-도록
	어휘	병
		증상

Part 2	들어 봅시다	전화로 진료 예약하기
	말해 봅시다	병원에서 증상 말하기
	읽고 써 봅시다	신문 기사 읽고 건강 수칙 쓰기
	문화	인삼, 꿀, 보약

Part 1

준비합시다

01 –겠–

여러분의 결심을 말하려고 합니다. 이때 어떻게 말하면 좋을까요?

A **담배는 건강에 좋지 않습니다. 담배를 꼭 끊으세요.**

B **네. 이번에는 담배를 꼭 끊겠습니다.**

문법

V + –겠–

'–겠–'은 말하는 사람이 무엇을 할 의도나 의지가 있음을 나타내는 표현이다.

자음 + 겠습니다 예 않겠습니다. 모음 + 겠습니다 예 가겠습니다

연습

다음은 새해 계획입니다. 다음 사람들이 되어서 '–겠–'을 사용해서 새해 계획을 말해 보세요.

보기 미셸

운전면허를 따다

① 장소이

세계 일주를 하다

② 율리아

살을 빼다

③ 박현미

장학금을 받다

④ 한준영

돈을 많이 모으다

⑤ 이치로

대기업에 취직하다

새해에는 꼭 운전면허를 따겠습니다.

- (담배를) 끊다
- 운전면허를 따다
- 새해
- 세계 일주
- 모으다
- 대기업

02 -아/어서 그런지

37

확실하지 않은 자신의 생각을 이유로 말할 때 어떻게 말하면 좋을까요?

A 길이 왜 이렇게 복잡하지요?

B 근처 백화점에서 세일을 해서 그런지 차가 많네요.

문법

A/V + 아/어서 그런지

'-아/어서 그런지'는 앞의 행위, 상태가 뒤의 원인, 이유일 것 같으나 확실하게 단정할 수 없을 때 쓰는 표현이다.

어간 'ㅏ', 'ㅗ' + 아서 그런지 ㉠ 작아서 그런지, 와서 그런지
그 외의 어간 + 어서 그런지 ㉠ 커서 그런지, 먹어서 그런지

연습

다음 상황의 원인은 무엇일까요? '-아/어서 그런지'를 사용해서 말해 보세요.

	상황	원인 / 결과
보기	요즘 스웨터가 잘 팔리다	날씨가 춥다 / 두꺼운 옷이 잘 팔리다
①	이 그림이 멋있다	유명한 화가가 그리다 / 역시 다르다
②	장소이 씨가 인기가 많다	성격이 좋다 / 좋아하는 사람이 많다
③	요즘 민호 씨가 연락이 없다	회사 일로 바쁘다 / 전화도 안 받다
④	아이가 노래를 잘하다	아빠를 닮다 / 노래에 소질이 있다
⑤	마이클 씨가 거의 밥을 못 먹다	감기에 걸리다 / 식사를 전혀 못 하다

A 요즘 스웨터가 잘 팔리지요?

B 네. 날씨가 추워서 그런지 두꺼운 옷이 잘 팔리네요.

- 스웨터
- 팔리다
- 화가
- 역시
- 소질

03 –도록

친구에게 감기에 걸리지 않는 방법을 조언해 줄 때 어떻게 말할까요?

A 요즘 아침저녁으로 날씨가 쌀쌀해요.

B 맞아요. 감기에 걸리지 않도록 옷을 더 입으세요.

문법

A/V + 도록

'–도록'은 뒤에 나오는 행위의 목적이나 기준 등을 알려 주면서 지시하거나 당부할 때 사용한다. 일부 형용사에도 사용할 수 있다.

자음 + 도록 예 피곤하지 않도록, 먹도록
모음 + 도록 예 따뜻하도록, 가도록

연습

친구가 몸이 좋지 않아서 적당한 방법을 조언하려고 합니다. '–도록'을 사용해서 말해 보세요.

	상황	목적	해야 할 것
보기	독감에 걸렸다	독감이 빨리 낫다	약을 챙겨 먹다
①	밤에 잠을 못 자다	푹 잘 수 있다	포도주를 한 잔 마시다
②	요즘 소화가 잘 안 되다	소화가 잘 되다	커피나 기름진 음식을 피하다
③	칼에 손을 베었다	상처가 덧나지 않다	소독약을 바르다
④	오래 서 있어서 다리가 부었다	다리가 붓지 않다	따뜻한 물로 마사지하다
⑤	컴퓨터를 많이 해서 눈이 피곤하다	눈이 피곤하지 않다	컴퓨터를 끄고 쉬다

A 티엔 씨, 왜 그래요? 어디 아파요?

B 네. 독감에 걸렸어요.

A 그래요? 독감이 빨리 낫도록 약을 챙겨 드세요.

· 챙겨 먹다
· 푹
· 소화가 되다
· 기름지다
· 칼
· 베다
· 상처
· 덧나다
· 소독약
· 바르다
· 서 있다
· 마사지하다

어휘

병

39

두통

편두통

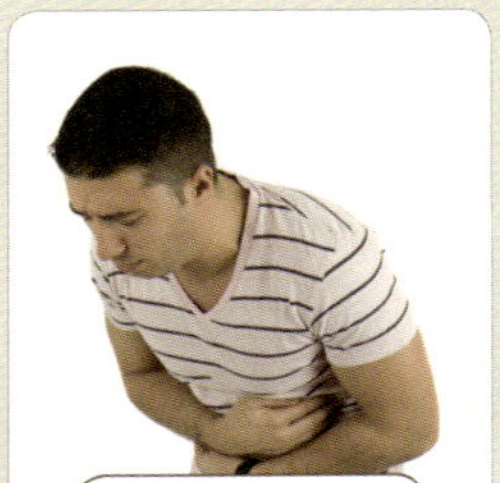

복통

생리통

치통

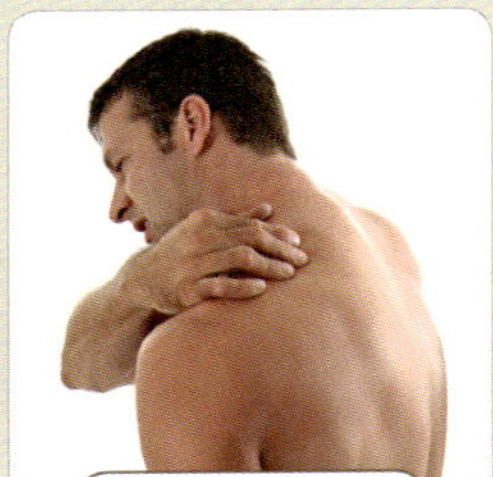

근육통

증상

열이 나다

기침이 나다

재채기가 나다

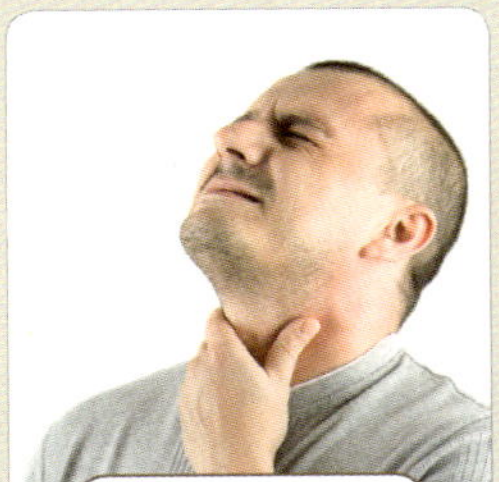

목이 붓다

콧물이 나다

코가 막히다

Part 2

들어 봅시다

전화로 진료 예약하기

01 박현미 씨는 어디에 전화하고 있습니까? 무슨 일로 전화할까요? 서로 이야기해 보세요.

02 다음은 박현미 씨가 병원 진료를 예약하는 대화입니다. 잘 듣고 물음에 답하세요.

40

(1) 박현미 씨는 왜 오늘 진료를 받을 수 없습니까?

① 의사가 수술을 해야 해서

② 예약 환자가 너무 많아서

③ 의사가 진료를 하지 않아서

(2) 맞는 것에 ✓표 하세요.

① 박현미 씨는 금요일 4시에 진료를 받을 것이다. 네 ______ 아니요 ______

② 박현미 씨는 얼굴을 다쳐서 진료를 받으려고 한다. 네 ______ 아니요 ______

③ 진료 예약 시간에 늦으면 세 시간을 기다려야 한다. 네 ______ 아니요 ______

(3) 박현미 씨가 진료를 받을 때 지켜야 할 것으로 맞는 것은 무엇입니까?

① 예약 취소는 전화로 해야 한다.

② 얼굴에 화장을 하고 가면 안 된다.

③ 진료 받는 날에 예약 취소를 할 수 없다.

④ 예약한 시간에 늦으면 진료 받을 수 없다.

- 수술
- 환자
- 화장
- 취소

말해 봅시다

병원에서 증상 말하기

여러분은 아파서 병원에 갔습니다. 병원에 가서 증상을 말하고 처방을 받으세요.

Try it!

말풍선을 따라 대화를 구성해 보세요.

	의사 환자에게 증상을 묻고 약 먹는 방법, 주의 사항에 대해서 이야기하세요.	티엔 감기에 걸려서 병원에 갔습니다. 증상을 말하고 약을 먹는 방법을 물어보세요.
1. 증상 묻고 답하기	어서 오세요 어디 ǀ 아프다?	기침 ǀ 많이 하다 + 열 ǀ 나다
2. 다른 증상 묻고 답하기	목 ǀ 안 아프다?	기침 ǀ 많이 하다 + 목 ǀ 아프다 콧물 ǀ 나다
3. 병명 말하고 증상 시작 시기 묻고 답하기	어디 보다 목 ǀ 많이 붓다 감기이다 언제부터 이런 증상?	2, 3일 전 어떻게?
4. 치료 방법 답하고 약 먹는 방법 묻기	아직 심한 편 ǀ 아니다 + 약 ǀ 이틀 정도 먹으면 낫다 목 ǀ 건조하지 않다 + 따뜻한 물 ǀ 많이 마시다	약 ǀ 식사 후?
5. 약 먹는 방법과 주의 사항 말하기	○ 물약 ǀ 목 ǀ 아플 때 먹다 감기 ǀ 빨리 낫다 + 푹 쉬다	감사

표현

■ 환자의 증상 묻기

어디가 아프세요?

증상이 어떻습니까?

어디가 아파서 오셨습니까?

■ 약 먹는 방법 묻고 답하기

A : 약은 어떻게 먹어요?
약은 하루에 몇 번 먹어요?

B : 하루에 3번, 식후 30분에 드세요.
증상이 있을 때 드세요.

대화

41

의사 어서 오세요. 어디가 아프세요?

티엔 기침을 많이 하고 열이 나요.

의사 목은 안 아프세요?

티엔 기침을 많이 해서 그런지 목이 좀 아파요. 콧물도 좀 나고요.

의사 어디 봅시다. (진찰 후) 목도 많이 부었군요. 감기예요. 언제부터 이런 증상이 있었어요?

티엔 한 2, 3일 전부터요. 어떻게 해야 돼요?

의사 아직 심한 편은 아니니까 약을 이틀 정도 먹으면 나을 겁니다. 그리고 목이 건조하지 않도록 따뜻한 물을 많이 드세요.

티엔 네, 알겠습니다. 약은 식사 후에 먹으면 돼요?

의사 네. 그리고 물약은 목이 아플 때 드시면 됩니다. 감기가 빨리 낫도록 푹 쉬세요.

티엔 네, 알겠습니다. 감사합니다.

확장

몸이 아파서 병원에 갔습니다. 의사에게 증상을 이야기하고, 약 먹는 방법과 주의 사항에 대해 물어보세요. 그리고 처방을 받으세요.

증상	약 먹는 방법	주의 사항
기침을 하다 열이 높다	하루에 2번 식후 30분	가습기를 켜다 사람 많은 곳을 피하다
배탈이 나서 토하다	하루에 3번	따뜻한 보리차를 마시다, 죽을 먹다

· 기침을 하다 · 진찰 · 한 · 심한 편 · 정도 · 건조하다 · 물약

읽고 써 봅시다

신문 기사 읽고 건강 수칙 쓰기

01 여러분은 건강을 지키기 위해서 다음 중 어떤 것을 하고 있습니까? ✓표 하세요.

- ☐ 항상 몸을 깨끗이 씻는다.
- ☐ 비타민 C와 같은 영양제를 매일 먹는다.
- ☐ 항상 자주 웃고 즐거운 생각을 많이 한다.
- ☐ 인스턴트 음식은 피하고, 몸에 좋은 음식을 먹는다.
- ☐ 일주일에 세 번 이상, 한 번에 30분 이상 운동을 한다.

02 다음은 신문 기사의 일부입니다. 잘 읽고 물음에 답하세요. 42

건강, 생활 속에서 이렇게 지킨다!

잘 자고 잘 먹는 것, 최고의 건강 수칙

건강을 위해서 굳이 특별한 운동을 하거나 비싼 음식을 사 먹을 필요 없다. 생활 속에서 할 수 있는 건강 수칙을 몇 가지 지키면 된다.

1. 인스턴트 음식 줄이기

요즘 사람들은 바빠서 인스턴트 음식을 많이 사 먹는다. 인스턴트 음식에는 조미료와 지방이 있어서 많이 먹으면 영양의 불균형이 생긴다. 따라서 컵라면, 햄버거, 냉동 피자와 같은 인스턴트 음식은 먹지 않는 것이 좋다.

2. 하루에 6시간 이상 푹 자기

몸은 아픈 부분을 스스로 치료할 수 있다. 그런데 몸이 스스로 치료를 하는 시간은 바로 사람이 잠을 자는 시간이다. 치료를 위해 필요한 수면 시간은 하루 6~8시간 정도이다. 그러므로 쌓인 피로와 스트레스를 풀기 위해서는 6시간 이상 푹 자야 한다.

3. 항상 여유를 가지기

건강하게 살기 위해서는 스트레스도 줄여야 한다. 스트레스가 건강에 나쁜 영향을 주기 때문이다. 기분이 좋지 않은 일이 생겼을 때는 스트레스를 받지 않도록 긍정적인 마음을 가지는 것이 중요하다. 몸과 마음의 건강을 위해 항상 마음의 여유를 가지고 생활하도록 노력해야 한다.

- 인스턴트
- 수칙
- 굳이
- 속
- 조미료
- 지방
- 영양
- 불균형
- 따라서
- 컵라면
- 햄버거
- 냉동
- 스스로
- 수면
- 그러므로
- 피로
- 여유
- 영향을 주다
- 긍정적이다
- 숙면
- 사라지다
- 소화가 잘 안 되다

(1) 다음 중 내용과 맞는 것은 무엇입니까?

① 6시간 정도 숙면하면 쌓인 피로를 풀 수 있다.

② 긍정적인 마음을 가지면 쌓인 스트레스가 사라진다.

③ 인스턴트 음식을 먹으면 소화가 잘 안 돼서 건강에 나쁘다.

(2) 건강 수칙을 가장 잘 지키는 사람은 누구입니까?

① 요코: 보통 집에서 음식을 만들어 먹는다.

② 마이클: 게임을 좋아해서 매일 새벽 2시에 잔다.

③ 나타샤: 스트레스를 받았을 때 슬픈 노래를 듣는다.

03 여러분 자신의 건강을 지키기 위한 건강 수칙을 써 보세요.

(1) 여러분의 건강을 지키기 위해 가장 필요한 것이 무엇입니까? '나의 건강 수칙'을 세 가지 메모해 보세요.

나의 건강 수칙

I. ______________________

____

____

II. ______________________

____

____

III. ______________________

____

____

(2) 위의 메모를 바탕으로 '나의 건강 수칙'이라는 제목으로 글을 써 보세요.

문화

인삼, 꿀, 보약

건강은 우리가 살아가는 데 가장 소중한 재산입니다. 한국 사람들은 이러한 건강을 지키기 위해서 운동 등의 여러 가지 노력을 하기도 하지만, 여러 가지 몸에 좋은 음식을 챙겨 먹기도 합니다. 몸에 좋은 음식으로는 인삼과 꿀이 대표적입니다. 인삼이나 꿀은 차로 만들어 먹기도 하고, 음식에 넣어서 먹기도 합니다.

그 외에는 보약이 있습니다. 보약은 특별히 몸이 아프지 않아도 건강을 지키기 위해서 먹는 약입니다. 한국의 전통 병원인 한의원에서 몸에 좋은 약재를 사람들 각자의 체질과 병에 맞도록 처방하여 만드는 것입니다. 그래서 한국 사람들은 피로가 쌓였을 때나 몸이 허약해졌다고 느낄 때 보통 보약을 먹습니다.

01 한국인들은 건강을 챙기기 위해서 어떤 음식을 먹습니까?

02 여러분 나라에서는 건강을 지키기 위해서 무엇을 먹습니까?

듣기 지문 및 정답

1과

들어 봅시다

이은주 안녕하세요? 실례지만 새로 이사 오셨어요?
소피 네. 안녕하세요? 저는 901호로 이사 온 소피 플로베르라고 합니다. 그냥 소피라고 하시면 돼요.
이은주 반갑습니다. 저는 902호에 사는 이은주라고 합니다. 소피 씨는 학생이에요?
소피 네. 한국어를 배우기 위해서 한국에 왔어요.
이은주 그래요? 한국에는 언제 오셨어요?
소피 한국에 온 지 두 달 됐어요.
이은주 한국말을 참 잘하세요. 앞으로 잘 부탁드려요.
소피 저도 한국에서 사는 동안 잘 부탁드릴게요.

2. (1) ② (2) **한국어를 배우기 위해서** (3) ① **네** ② **네** ③ **아니요**

읽고 써 봅시다

2. (1) ① **아니요** ② **네** ③ **아니요** (2) ② (3) ① **장소이** ② **나타샤** ③ **안** ④ **이치로** ⑤ **하이안**

2과

들어 봅시다

장소이 현미 씨, 이대역에서 압구정동에 갈 때 을지로 3가역에서 3호선으로 갈아타는 거 맞아요?
박현미 네, 맞아요.
장소이 이대역에서 압구정동까지 사십 분 정도 걸리지요?
박현미 네, 그 정도 걸려요. 그런데 장소이 씨, 이대역에서 버스로 경복궁역까지 가고 거기에서 지하철 3호선으로 갈아타는 게 어때요? 지난번에 갔을 때 그게 더 빨랐어요.
장소이 그래요? 그럼 오늘은 그렇게 가 볼게요.
박현미 그런데 교통 카드는 있어요?
장소이 아니요. 교통 카드가 있어야 돼요?
박현미 그게 있으면 갈아탈 때 다시 표를 살 필요가 없고 현금보다 더 싸니까 한번 써 보세요.
장소이 그래요? 교통 카드는 어디에서 팔아요?
박현미 은행이나 편의점에서 팔아요.
장소이 네, 알겠어요. 고마워요, 현미 씨.

2. (1) ② (2) ②, ③ (3) ① 네 ② 네 ③ 아니요

읽고 써 봅시다

2. (1) ③ (2) ① 아니요 ② 네

3과

들어 봅시다

직원 어서 오세요. 무엇을 도와 드릴까요?

마이클 부모님께서 한국에 오셔서 서울 관광 상품을 알아보려고요.

직원 여기 앉으세요. 혹시 부모님께서 서울을 여행하신 적이 있으세요?

마이클 아니요, 없어요. 서울에 처음 오셨어요.

직원 서울에 처음 오신 외국 손님들은 주로 고궁 투어와 시내 투어를 많이 하십니다. 어떤 상품이 마음에 드세요?

마이클 글쎄요. 고궁 투어는 뭘 하는 거예요?

직원 고궁 투어는 서울의 궁궐을 구경하는 겁니다. 창경궁을 본 후에 경복궁을 구경합니다. 경복궁에서 한복을 입고 사진 촬영도 하고요. 그리고 근처에 있는 인사동도 관광합니다.

마이클 그럼 시내 투어는요?

직원 그건 먼저 명동을 구경하고 가까이에 있는 한옥 마을에 갑니다. 그 후에 케이블카를 타고 남산에 있는 서울타워에 올라갑니다. 거기서 멋있는 서울 야경을 볼 수 있습니다.

마이클 둘 다 가이드가 있는 거지요? 부모님은 한국어를 전혀 못하세요.

직원 저희 가이드가 영어로 설명을 해 드릴 겁니다.

마이클 알겠습니다. 그럼 부모님께 여쭤보고 결정하겠습니다.

2. (1) ③ (2) 고궁 투어: 인사동 관광하기 시내 투어: 한옥 마을 구경하기
   (3) ① 네 ② 아니요

읽고 써 봅시다

2. (1) ① 네 ② 네 ③ 아니요 (2) 1 – 2 – 4 – 3

4과

들어 봅시다

주인 냠냠치킨입니다.
나타샤 혹시 지금 배달돼요?
주인 네. 그런데 배달이 좀 밀렸기 때문에 30분쯤 후에 배달될 겁니다. 괜찮으시겠어요?
나타샤 네. 괜찮아요. 통닭 한 마리 배달해 주세요.
주인 어떤 걸로 드릴까요? 매운 맛으로 드릴까요?
나타샤 아니요. 맵지 않은 걸로 주세요.
주인 네, 알겠습니다. 더 필요하신 게 있으세요?
나타샤 콜라 1.5l 짜리 한 병 주세요.
주인 콜라는 서비스로 드립니다. 계산은 어떻게 하시겠어요?
나타샤 카드로 할게요. 얼마예요?
주인 17,000원입니다. 어디로 배달해 드릴까요?
나타샤 지하철 역 근처 이화 아파트 101동 301호예요. 맛있게 해 주세요.
주인 네, 알겠습니다. 감사합니다.

2. (1) ① (2) ② (3) ① 아니요 ② 네 ③ 아니요

읽고 써 봅시다

2. (1) ① (2) ① 네 ② 아니요 ③ 아니요 (3) 3, 2, 4

5과

들어 봅시다

점원 어서 오세요. 어떻게 오셨어요?
손님 저 며칠 전에 여기에서 휴대 전화를 샀어요. 그런데 전원이 잘 안 켜져서요. 그리고 기능이 너무 많아서 좀 불편한 것 같아요.
점원 통화는 잘 되나요?
손님 네. 그건 괜찮았어요. 혹시 다른 회사의 전화기로 교환할 수 있을까요?
점원 산 지 이주일이 안 되셨으면 교환이 가능해요. 휴대 전화를 언제 사셨어요?
손님 지난 주말에 샀으니까 4일 됐어요.
점원 그럼 가능합니다. 영수증 가져오셨죠? 영수증이 있어야 됩니다.
손님 네. 여기 있어요.

점원 네. 여기서 골라 보세요.
손님 어떤 색깔이 제일 인기가 많아요?
점원 손님은 처음에 은색을 사셨군요. 여성분들은 보통 흰색이나 분홍색을 많이 찾으세요.
손님 처음에 분홍색을 사려고 했어요. 그런데 없어서 은색으로 샀어요. 혹시 분홍색이 있을까요?
점원 하나 있어요. 그럼 이걸로 하시겠어요?
손님 네. 그럼 그걸로 주세요.

2. (1) ③ (2) ② (3) ① 아니요 ② 네

읽고 써 봅시다

2. (1) ① 아니요 ② 네 ③ 네 (2) ②, ⑤
(3)

휴대 전화를 만족해 하는 이유 조사

☐ 저렴한 가격 때문에	☑ 들고 다니기 편해서
☐ 디자인이 좋기 때문에	☐ 제품을 빨리 배달해 줘서
☑ 제품의 재질이 좋아서	☐ 전원을 누를 필요 없이 켜져서

6과

들어 봅시다

간호사 소망피부과입니다.
박현미 저, 지금 가면 김민수 선생님께 진료 받을 수 있어요?
간호사 오늘은 선생님께서 진료가 없습니다. 월, 수, 금요일만 가능합니다.
박현미 그럼 내일 2시로 예약할 수 있어요?
간호사 금요일 2시요? 죄송하지만 수술이 있습니다. 그래서 금요일은 3시 이후만 가능합니다.
박현미 그럼 3시로 해 주세요.
간호사 네, 알겠습니다. 그런데 어디가 아프세요?
박현미 얼굴에 뭐가 나서 그런지 좀 가려워요.
간호사 그러세요? 손님 성함과 전화번호를 알려 주십시오.
박현미 박현미요. 전화번호는 010-6225-6105예요.
간호사 네, 알겠습니다. 금요일 오후 3시로 예약해 드리겠습니다. 늦으시면 많이 기다리셔야 하니까 늦지 않도록 주의하세요. 예약을 취소하기 위해서는 30분 전까지는 연락을 주셔야 합니다. 예약 취소는 전화로만 가능합니다.
박현미 그런데 화장을 하고 가도 되나요?

간호사　가벼운 화장은 괜찮습니다.
박현미　알겠습니다. 감사합니다.

2. (1) ③　(2) ① 아니요　② 아니요　③ 아니요　(3) ①

읽고 써 봅시다

2. (1) ①　(2) ①

지은이 소개

이정란 전 이화여자대학교 언어교육원 특임교수

이민경 이화여자대학교 언어교육원 특임교수

황선영 이화여자대학교 언어교육원 전임강사

장세영 이화여자대학교 언어교육원 강사

황윤정 이화여자대학교 언어교육원 강사

강여림 이화여자대학교 언어교육원 강사

김미영 전 이화여자대학교 언어교육원 강사

김현진 이화여자대학교 언어교육원 특임교수

박은선 전 이화여자대학교 언어교육원 강사

이인경 전 이화여자대학교 언어교육원 전임강사

MP3 목차

ESSENCE EWHA KOREAN

이화여자대학교 언어교육원 지음
Ewha Womans University
Ewha Language Center

에센스 이화 한국어

번역
문법 설명 / 새 단어 / 문화
English · 日本語
中国话 · 中國語

2A

E PRESS

제1과 새 친구

PART1 준비합시다 01 p.16

–(으)ㄴ 지

Ⓔ –(으)ㄴ 지 is used when indicating the time passed for a certain event.

Ⓙ '–(으)ㄴ 지'はある出来事に対する時間の経過を表すときに使用する。

中 在想要表示某事所经过的时间时, 使用"– (으)ㄴ 지"。

中 在想要表示某事所經過的時間時, 使用"– (으)ㄴ 지"。

단어	English	日本語	中国语	中國語
년	year	年	年	年
되다	to become	なる	行、可以	行、可以
개월	month	カ月	~个月	~個月
소식	news	消息	消息	消息

PART1 준비합시다 02 p.17

–는 동안

Ⓔ –는 동안 indicates the period during which an action or situation lasted.

Ⓙ '–는 동안'はある行動や状態が続く時間を表すとき使用する。

中 "–는 동안"在表示某一行动或状态持续的时间时使用。

中 "–는 동안"在表示某一行動或狀態持續的時間時使用。

단어	English	日本語	中国语	中國語
끄다	to turn off	消す	关	關
계속	continuously	継続、引き続き、ずっと	继续	繼續
눈물이 나다	to bring someone to tears	涙が出る	流眼泪	流眼淚
돌보다	to take care of	世話をする	照顾	照顧

잠깐만	just a minute	しばらく、少々、ちょっとだけ	等一下	等一下

PART1 준비합시다 03 p.18

–기 위해(서)

Ⓔ –기 위해(서) expresses the purpose or intention of carrying out an action.

Ⓙ '–기 위해서'はあることをする目的や意図を表すときに使用する。

㊥ 有做某事的目的或意图时使用"–기 위해서"。

㊥ 有做某事的目的或意圖時使"–기 위해서"。

단어	English	日本語	中国语	中國語
약해지다	to become weak	弱まった	减弱了	減弱了
건강	health	健康	健康	健康
되찾다	to recover	とりもどす	找回	回復、回收、找回
건망증	forgetfulness	健忘症	健忘症	健忘症
심하다	to be intense	ひどい	严重，过分	嚴重，過分
잊어버리다	to forget	忘れる	忘记	忘記
독감	influenza	インフルエンザ	病毒性流行感冒	病毒性流行感冒
유행이다	to be popular	流行っている	流行	流行
예방 주사	a preventive injection	予防注射	打预防针	打預防針
맞다	to get (an injection)	(注射を)打ってもらう	打	打
1등	the first grade	一等	第一名	第一名

PART1 어휘 p.19

단어	English	日本語	中国语	中國語
항공사	airline	航空会社	航空公司	航空公司
여행사	travel agency	旅行会社	旅行社	旅行社
건설사	construction firm	建設会社	建筑公司	建築公司
증권 회사	stock company	証券会社	证券公司	證券公司
광고 회사	advertising company	広告会社	广告公司	廣告公司

무역 회사	trading company	貿易会社	贸易公司	貿易公司
방송국	broadcasting station	テレビ局	电视台	電視台
신문사	newspaper (publishing company)	新聞社	报社	報社
잡지사	magazine company	雑誌社	杂志社	雜誌社

PART2 들어 봅시다

p.20

단어	English	日本語	中国语	中國語
이웃	neighbor	隣人	邻居	鄰居
이사 오다	to move in	引っ越してくる	搬来	搬來

PART2 말해 봅시다

p.22

단어	English	日本語	中国语	中國語
넘다	to pass, to exceed	超える	过	過
지나다	to pass (the time)	過ぎる	过	過
국적	nationality	国籍	国籍	國籍
시기	occasion	時期	时期	時期
목적	purpose	目的	目的	目的

PART2 읽고 써 봅시다

p.23

단어	English	日本語	中国语	中國語
NHK	Japan Broadcasting Corporation	日本放送協会	日本放送协会	日本廣播協會
남편	husband	旦那	丈夫	丈夫、先生
네덜란드	The Netherlands	オランダ	荷兰	荷蘭
아시아	Asia	アジア	亚洲	亞洲
인기가 많다	to be popular	人気がある、人気が高い	人气高	人氣高
멀리	far	遠く	远远地	遠遠地
지각 대장	latecomer	遅刻魔	迟到大王	遲到大王
돕다	to help	助ける、手伝う	帮助	幫助
추억	memory	思い出	回忆	回憶

PART2 문화

p.25

E Why people ask about age

What is the first question you are asked from a Korean you have just met? You are probably asked "What is your name?", or "What is your job?"

Have you ever been asked on your first encounter the question "How old are you?" When you hear this, you may find it strange that Koreans should be asking such an odd question. But this is not a question to simply get to know your age, but to find out whether you are older or younger than the person who asked the question. Since we need to use terms of respect when speaking to someone who is older, we ask the question in order to find out whether we need to speak in terms of respect or in the low forms of speech. Do you see now why Koreans ask for your age?

日 年齢を尋ねる理由

皆さんは初めて会った韓国人から普通どんな質問をされますか。'お名前は何ですか'、'お仕事は何ですか'のような質問を多く受けたことでしょう。

ところが、もしかしたら初対面の人に '何歳ですか'という質問をされたことはありませんか。初対面の人にこの質問をされたとき、'韓国人は変な質問をするものだ'と思ってあわててしまうかもしれません。けれども、この質問は単純に年齢を知りたくてしたのではなく、私より年が多い(目上の)人なのか、年が少ない(目下の)人なのかを知るためなのです。すなわち、年が上なら尊敬語を使わなかければならないから、相手が尊敬語を使わなければならない人なのかどうかを知るための質問なのです。皆さん、これで韓国人はなぜ年齢を尋ねるのかわかったでしょう。

中 询问对方年龄的理由

和你们初次见面的韩国人一般向你们提什么样的问题？你一定听到过很多"你的名字是什么"、"做什么工作"等类似的提问。

不知是否有人在和你初次见面时问你 "今年多大了"。当你第一次听到这样的提问时，也许你会很惊慌，觉得不可思议，心想"韩国人怎么会向初次见面的人问这样的问题呢"。其实这个提问并不只是想知道你的年龄那么单纯，而是为了知道对方是比自己大的长辈，还是比自己小的晚辈而提出的问题。因为韩国语应该对比自己年长者用敬语，所以为了搞清楚应该向对方说敬语，还是向对方说非敬语，才提出这样的问题的。现在你们知道为什么韩国人会在初次见面时询问别人的年龄了吧？

中 問對方年齡的理由

和你們初次見面的韓國人一般問你們什麼樣的問題？你一定聽到過很多“你的名字是什麼”、“做什麼工作”等類似的提問。

不知是否有人在和你初次見面時問你“今年多大了”。當你第一次聽到這樣的提問時，也許你會很驚慌，覺得不可思議，心想“韓國人怎麼會向初次見面的人問這樣的問題呢”。其實這個提問並不只是想知道你的年齡那麼單純，而是爲了知道對方是比自己大的長輩，還是比自己小的晚輩而提出的問題。因爲韓國語應該對比自己年長者用敬語，所以爲了搞清楚應該向對方說敬語，還是向對方說非敬語，才提出這樣的問題的。現在你們知道爲什麼韓國人會在初次見面時詢問別人的年齡了吧？

제2과 한국 생활

PART1 준비합시다 01

p.28

-(으)ㄹ 때

E -(으)ㄹ 때 is used for an ongoing action or situation.

日 '-(으)ㄹ 때'は動作や状態が続く間を表すときに使用する。

中 “-(으)ㄹ 때”表示动作或状态持续的时间。

中 “-(으)ㄹ 때”表示動作或狀態持續的時間。

단어	English	日本語	中国语	中國語
(전화를) 끊다	to hang up	(電話を)切る	挂电话	掛電話
방문하다	to visit	訪問する	拜访/访问/看望	拜訪、訪問、看望
차다	to kick	蹴る	踢	踢
코를 풀다	to blow one's nose	鼻をかむ	擤鼻子	擤鼻子
상갓집	family in mourning	喪家、通夜	丧家	喪家
검정	black	黒	黑	黑
고개	head	頭、首	脖颈，头	脖頸，頭
돌리다	to turn	回す、向ける	回转	回轉

PART1 준비합시다 02
p.29

–았/었을 때

Ⓔ –았/었을 때 is used to show the time or period a past event lasted.

Ⓘ '–았/었을 때'は過去にあることが続いた時間やそれまでの時間を表すときに使用する。

Ⓒ "–았/었을 때"表示某事在过去持续或持续的时间。

Ⓒ "–았/었을 때"表示某事在過去持續或持續的時間。

단어	English	日本語	中国语	中國語
긴장이 되다	to be nervous	緊張している	紧张	緊張
고장이 나다	to break down	故障する	出故障	出故障
창피하다	to be shameful	恥ずかしい	丢人	丟人
헤어지다	to break up	別れる	分手	分手
틀리다	to be wrong	間違う	错误	錯誤
짜증이 나다	to be irritated	いらだつ	烦心	煩心
도둑이 들다	to be robbed	泥棒が入る	被偷	被偷

PART1 준비합시다 03
p.30

–(으)니까

Ⓔ –(으)니까 indicates that the previous context is the reason or basis for the following context. It is usually accompanied by –(으)ㅂ시다 and –(으)세요.

Ⓘ '–(으)니까'は前の内容が後文の理由や根拠であることを表すとき使用する。主に '–(으)ㅂ시다', '–(으)세요'とともに使う。

Ⓒ 当前边内容是后边内容的理由或根据时用"–(으)니까"来表达，它主要和"–(으)ㅂ시다, –(으)세요"一起使用。

Ⓒ 當前面的內容是後面的內容的理由或根據時用"–(으)니까"來表達，它主要和"–(으)ㅂ시다, –(으)세요"一起使用。

단어	English	日本語	中国语	中國語
방학	vacation	(学校の)長期休み	放假	放假
산	mountain	山	山	山
지도	map	地図	地图	地圖

PART1 어휘

p.31

단어	English	日本語	中国语	中國語
공원	park	公園	公园	公園
병원	hospital	病院	医院	醫院
약국	pharmacy	薬局	药店	藥局
편의점	convenience store	コンビニエンスストア	便利店	便利商店
꽃집	flower shop	花屋	花店	花店
주유소	gas station	ガソリンスタンド	加油站	加油站
안경점	eyeglass shop	眼鏡屋	眼镜店	眼鏡行
문구점	stationery store	文房具屋、文房具店	文具店	文具店
세탁소	laundromat, dry cleaner's	クリーニング店	干洗店	乾洗店
PC방	internet cafe	ネットカフェ	网吧	網吧
사진관	photo studio	写真館	照相馆	照相館
빵집	bakery	パン屋	面包店	麵包店

PART2 들어 봅시다

p.32

단어	English	日本語	中国语	中國語
장점	strong point	長所	优点	優點
할인	discount	割引	打折	打折
현금	cash	現金	现金	現金
교통비	transportation fee	交通費	交通费	交通費
계산하다	to pay	会計をする、支払う	计算	計算
남다	to be leftover	残る	剩下	剩下
돌려받다	to get back	返してもらう	退还	退還

PART2 말해 봅시다 p.34

단어	English	日本語	中国语	中國語
처음	first	初め、初めて	开始	開始
익숙하다	to be used to ~ing	慣れている	熟练	熟練
힘들다	to go to trouble	大変だ, 疲れる	累	累
눈	snow	雪	雪	雪
외투	overcoat	オーバー	外套	外套
할인 마트	discount store	割引マート、スーパー	打折超市	打折超市
조언	advice	アドバイス	建议	建議
날씨	weather	天気	天气	天氣
장마	rainy season	梅雨	梅雨	梅雨
장마철	rainy season	梅雨の季節	梅雨季节	梅雨季节
가지고 다니다	to carry	持ち歩く	携带	攜帶
출근	attendance	出勤	上班	上班
출퇴근 시간	commuting time	出退勤時間	上下班时间	上下班時間
피하다	to avoid	避ける	躲开	躲開

PART2 읽고 써 봅시다 p.35

단어	English	日本語	中国语	中國語
냉장고	refrigerator	冷蔵庫	冰箱	冰箱
꺼내다	to take	出す	拿出来	拿出来
맥주	beer	ビール	啤酒	啤酒
콜라	coke	コーラ	可乐	可樂
에어컨	air conditioner	エアコン	空调	冷氣
찬바람	cold wind	冷たい風	冷风	冷風
얼마	how much	どのくらい	多少钱	多少錢
이상하다	to be awkward	おかしい	奇怪	奇怪
경험	experience	経験	经验	經驗
대중목욕탕	public bath	銭湯、大衆浴場	大众浴池	大眾浴池
한 분	one person	お一人	一位	一位
뜨겁다	to be hot	熱い	烫	燙

소리를 지르다	to shout	声を張り上げる、叫ぶ	喊叫	喊叫
비슷하다	to be similar	似ている	相似	相似
테이블	table	テーブル	桌子	桌子
국물	soup	スープ	汤	湯
분명히	obviously	明らかに	明确的	明確的
차갑다	to be cold	冷たい	冷	冷
이해하다	to understand	理解する	理解	理解
조금씩	gradually	少しずつ	一点点	一點點

PART2 문화

p.37

E Koreans' exclamations

What do you utter when you are surprised and touched or get to know some-thing new? What do Koreans say when they are surprised or when they face an unexpected situation? Think about it.

Koreans usually say 세상에, 어머나, 말도 안 돼 when they are really startled or have nothing to say because of perplexity. Also they say 아!, 아하! when they get to know something new. They say 어, 어머, 아이고, 어떡해, 아휴 when they make a mistake. When they see something cool, they use the expressions like 와!, 야!. These kinds of expressions are made not rationally but automatically without thinking.

Please observe closely what kind of exclamations Koreans use. If you can ex-press Koreans' habitual exclamations in a sudden situation, it means that you can already feel, think, and say like Koreans, doesn't it?

日 韓国人の感嘆詞

皆さんは驚いたときや感動した時、または新しい事実を知った時、まず何と言いますか。韓国人は驚いたり、これ以上期待できない状況で何と言うでしょうか。一度考えてみてください。

韓国人は普通、とても驚いたり何と言えばいいかわからない状況の時'세상에, 어머나, 말도 안 돼'と言います。また、新しい事実を知った時は'아!, 아하!'、失敗を犯してしまった時は'어, 어머, 아이고, 어떡해, 아휴'と言います。素敵なものを見たら、'와!, 야!'と言ったりもします。このような言葉は考えて言う言葉ではなく、口をついて習慣的に自然に出る感嘆詞です。

韓国の人がどのような感嘆表現を使っているのか、皆さんも一度注意して観察してみてください。予期せぬ状況で、皆さんの口からとっさに韓国人が習慣的に使うこのような感嘆詞が出てきたら、その時は既に韓国人のように感じ、考え、話していると言えるかもしれません。

中 韩国人的感叹词

受惊吓、感动以及获知一个新事实的时候，大家会说出什么样的话呢？ 韩国人在受到惊吓或者在意想不到情况之下会说些什么呢？ 请试着想一想。

韩国人一般在受到惊吓或者不知所措到无话可说的时候会说"세상에, 어머나, 말도 안 돼"；在获知一个不知道的事实的时候会说"아, 아하"；失误的时候会说"어, 어머, 아이고, 어떡해, 아휴"；看到精彩的事物的时候会说"와, 야"。这些话都不是经过思考后说出来的话，而是成为一种习惯自然而然说出来的感叹词。

大家也留心观察一下韩国人使用的感叹词。在有突发的状况时，如果能像韩国人一样流畅自然地说出这些感叹词的话，说明大家的思考与表达方式已经和韩国人一样了。

中 韓國人的感嘆詞

受驚嚇、感動以及獲知壹個新事實的時候，大家會說出什麼樣的話呢？ 韓國人在受到驚嚇或者在意想不到情況之下會說些什麽呢？ 請試著想一想。

韓國人一般在受到驚嚇或者不知所措到無話可說的時侯會說"세상에, 어머나, 말도 안 돼"；在獲知一個不知道的事實的時候會說"아, 아하"；失誤的時候會說"어, 어머, 아이고, 어떡해, 아휴"；看到精彩的事物的時候會說 "와, 야"。這些話都不是經過思考後說出來的話，而是成為一種習慣自然而然說出來的感嘆詞。

大家也留心觀察一下韓國人使用的感嘆詞。在有突發的狀況時，如果能像韓國人一樣流暢自然地說出這些感嘆詞的話，說明大家的思考與表達方式已經和韓國人一樣了。

제3과 즐거운 여행

PART1 준비합시다 01

p.40

–기로 하다

Ⓔ –기로 하다 is used when resolving or making a decision to do something or when making a promise.

Ⓙ '–기로 하다'はあることをしようと決定したり､決心や約束するとき使用する。

㊥ 约定或决定做某事时用"–기로 하다"。

㊥ 約定或決定做某事時用"–기로 하다"。

단어	English	日本語	中国语	中國語
상담	consultation	相談	洽谈	洽談

PART1 준비합시다 02 p.41

–(으)ㄹ래요

Ⓔ –(으)ㄹ래요 is used when asking someone's thought or opinion on an event or choice. When answering a question –(으)ㄹ래요 indicates that the speaker has a thought or intention.

Ⓙ '–(으)ㄹ래요'はある出来事や選択について相手の意思や意向を尋ねるときに使用する。質問に対する答えに'–(으)ㄹ래요'を使用するときは、話者の意志や意思があることを表している。

Ⓒ "–(으)ㄹ래요"是在问别人对某事或某种选择有何意向的时候使用。回答时用"–(으)ㄹ래요"表示说话人有意做某事。

Ⓣ "–(으)ㄹ래요"是在問別人對某事或某種選擇有何意向的時候使用。回答时用"–(으)ㄹ래요"表示说话人有意做某事。

단어	English	日本語	中国语	中國語
해수욕	sea bathing	海水浴	海水浴	海水浴
배낭	backpack	リュック、バックパック	背包	背包
통로	hallway	廊下	走廊	走廊
저렴하다	to be inexpensive	安い	低廉	低廉
시설	facility	施設	设施	設施
시내	downtown	市内	市内	市內
면세점	duty-free shop	免税店	免税店	免稅店

PART1 준비합시다 03

p.42

-(으)ㄴ 적이 있다

Ⓔ -(으)ㄴ 적이 있다 is used when indicating whether you have an experience in the past.

Ⓙ '-(으)ㄴ 적이 있다'は過去に経験したことがあるかないかを表すときに使用する。

㊥ 表达过去有没有经历过某事时使用"-(으)ㄴ 적이 있다"。

㊥ 表達過去有沒有經歷過某事時使用"-(으)ㄴ 적이 있다"。

단어	English	日本語	中国语	中國語
성인 영화	adult movie	成人映画	成人电影	成人電影
외모	appearance	外見	外貌	外貌
고민을 하다	to be troubled	悩む	苦恼	苦惱
수학여행	school trip	修学旅行	参观学习旅行	參觀學習旅行

PART1 어휘

p.43

단어	English	日本語	中国语	中國語
해수욕을 하다	to swim in the sea	海水浴をする	海水浴	做海水浴
일광욕을 하다	to sunbathe	日光浴をする	日光浴	日光浴
단풍 구경을 하다	to view the autumn foliage	紅葉狩りをする	赏枫叶	賞楓葉
벚꽃 구경을 하다	to view the cherry blossoms	花見をする	赏樱花	賞櫻花
기념품을 사다	to buy a souvenir	記念品を買う	买纪念品	買紀念品
유명한 음식을 먹다	to eat a famous dish	名物を食べる	品尝名菜	品嘗名菜
전통 공연을 보다	to watch a traditional performance	伝統公演を見る	观赏传统表演	觀賞傳統表演
그림을 관람하다	to view a painting	絵を観覧する	赏画	賞畫
유적지를 구경하다	to visit a historical site	遺跡を見物する	观览遗址	觀覽遺址

PART2 들어 봅시다

p.44

단어	English	日本語	中国语	中國語
일정	schedule	日程、スケジュール	日程	日程、行程
관광 상품	sightseeing program	観光パッケージツアー	旅游商品、旅游路线	旅遊團組、旅遊路線
고궁	ancient palace	古宮	故宫	故宮
투어	tour	ツアー	游览	遊覽

PART2 말해 봅시다

p.46

단어	English	日本語	中国语	中國語
단풍	autumn foliage	紅葉	枫叶	楓葉
묵다	to stay	'泊まる'	住	住
알아보다	to find out	調べる, 探る	了解	打聽
한옥 마을	Hanok village	南山韓屋マウル	韩屋村	韓屋村
한지 공예	traditional paper craft	韓紙工芸	韩纸工艺	韓紙工藝
전주비빔밥	Jeonju bibimbap (mixed rice bowl)	全州ビビンバ	全州拌饭	全州拌飯

PART2 읽고 써 봅시다

p.47

단어	English	日本語	中国语	中國語
고속버스	express bus	高速バス	高速大巴	高速大巴
호숫가	lakeside	湖岸	湖边	湖邊
벚꽃	cherry blossoms	桜の花	樱花	櫻花
해돋이	sunrise	日の出	日出	日出
토함산	Mt. Toham	吐含山	吐含山	吐含山
구름이 끼다	to be cloudy	雲がかかる	起云、笼罩着云雾	起雲、籠罩著雲霧
아쉽다	to feel the lack of	残念だ、惜しい	可惜	可惜
무덤	grave	墓	墓	墳墓
문화재	cultural assets	文化財	文化财产	文化財產

PART2 문화 p.49

E Jeju Olle trails

Jeju Island which is the most popular tourist spot among Koreans is on the south side of Korea and is famous for tangerine and Dol Hareubang. Especially, the Olle Trails are the walking tour courses which are selected and developed as great roads to walk. 'Olle' means a car-free road in Jeju Island dialect. Especially, it means a path from a main road to the entrance of a house.

Since the first course was developed in September 8th,2007, the courses up to Course 21 had opened by September 15th 2012. The length of each course is generally less than 15km and the average time to walk is about 5–6hours. Mostly, it is composed of alleys, mountain paths, field paths, embanked roads, volcanic cones along the coastal area of Jeju, and there are also the courses to walk along the small islands near Jeju Island.

You can feel the amazing scenery of Jeju and each different charm of small islands while walking around the beautiful island Jeju. Jeju Olle that consists of beautiful sea, brick walls, perennial green fields, and peaceful villages is the most beautiful and peaceful path in the world. It is one of the biggest tourist attractions in Korea that people can take a walk leisurely and meditate by becoming one with nature.

日 済州オルレ道

韓国人に最も人気のある済州島は、韓国の南側に位置する島で、みかんやトルハルバンで有名な韓国最大の観光地である。済州島と言えば特にオルレ道が有名だが、オルレ道とは済州島の歩くのに敵した道を選定して開発した徒歩旅行コースのことだ。済州の方言で「オルレ」とは、車が通らない道のことで、特に、道路から家の門まで続く小道のことを言う。

済州オルレ道は2007年9月8日に第1コースが開発されて以来、2012年9月15日までに第21コースが開かれた。各コースは普通、長さが15km以内で、平均所要時間は5〜6時間ほどだ。主に済州の海岸地域に沿って路地、山道、野道、沿岸道、オルム(済州特有の寄生火山道)などを繋げて構成されており、済州周辺の小さな島を回るコースもある。

美しい島・済州を歩いて一周することで、済州の素晴らしい風景と小さな島々の魅力を感じることができる。済州の美しい海と石垣の道、四季を通して青々とした草原、のどかな村などを包む済州オルレは、世界で最も美しく平和な道だ。済州オルレは自然と一つになってゆったりと散歩し、瞑想に浸ることのできる韓国の名所の一つだ。

中 济州偶来路

最受韩国人青睐的济州岛位于韩国南端，以柑橘以及石爷爷最为有名，也是韩国最大的旅游胜地。提起济州岛最有名的要属偶来路了，它是从众多道路中筛选并开发出来的最适合徒步旅行路线。在济州岛方言里，“偶来”是指车辆不通行的路，特别是指那种从家门口延伸到大街上的小道。

从2007年9月8日第1路线开发以来，截止到2012年9月15日已经开发到第21路线。每一个路线约长15千米，走完全程平均需要5～6小时。一般位于济州岛的沿岸地区，由胡同小道、山路、田间小路、海岸路、上坡路等连接构成，也有环绕济州岛周边小岛的路线。

围着美丽的济州岛步行一圈，可以欣赏济州岛的美丽风景并感受到各个小岛的不同魅力。拥有济州的美丽大海与石墙，四季常绿的田野，安静平和的村落的济州偶来路可以说是世界上最美丽最静谧的路。济州偶来路与自然天然合一，是可以自由漫步、冥想的韩国旅游胜地之一。

中 濟州偶來路

最受韓國人青睐的濟州島位於韓國南端，以柑橘以及石爺爺最為有名，也是韓國最大的旅遊勝地。提起濟州島最有名的要屬偶來路了，它是從眾多道路中篩選並開發出來的最適合徒步旅行路線。在濟州島方言裏，“偶來”是指車輛不通行的路，特別是指那種從家門口延伸到大街上的小道。

從2007年9月8日第1路線開發以來，截止到2012年9月15日已經開發到第21路線。每一個路線約長15公里，走完全程平均需要5～6小時。一般位於濟州島的沿岸地區，由胡同小道、山路、田間小路、海岸路、上坡路等連接構成，也有環繞濟州島周邊小島的路線。

圍著美麗的濟州島步行一圈，可以欣賞濟州島的美麗風景並感受到各個小島的不同魅力。擁有濟州的美麗大海與石墻，四季常綠的田野，安靜平和的村落的濟州偶來路可以說是世界上最美麗最靜謐的路。濟州偶來路與自然天然合一，是可以自由漫步、冥想的韓國旅遊勝地之一。

제4과 요리와 요리법

PART1 준비합시다 01 p.52

–기 때문에

Ⓔ –기 때문에 is used to indicate the cause or reason of an event.

Ⓙ '–기 때문에'はあることの原因や理由を表すときに使用する。

中 “–기 때문에”用来说明某事发生的理由或缘故。

中 “–기 때문에”用來說明某事發生的理由或緣故。

단어	English	日本語	中国语	中國語
분식집	small restaurant serving inexpensive food	ブンシク(粉食)屋	韩式小餐馆	韓式小餐館

PART1 준비합시다 02 p.53

–고 나서

Ⓔ –고 나서 is used for a new situation or new action after a certain action has been completed.

Ⓙ '–고 나서'はある行為を終えた後に、他の行為をしたり、ある状況が起ることを表すときに使用する。

Ⓒ "–고 나서"在表示某种行为结束后开始另一行为或发生另一种情况时使用。

Ⓣ "–고 나서"在表示某種行爲結束後開始另一行爲或發生另一種情況時使用。

PART1 준비합시다 03 p.54

–게

Ⓔ –게 is used to express the method or degree of a following action or situation.

Ⓙ '–게'は後ろにくる行為や状態の程度を表すときに使用する。

Ⓒ 想要表现动作、行为方式、程度时使用"–게"。

Ⓣ 想要表現動作、行爲方式、程度時使用"–게"。

단어	English	日本語	中国语	中國語
앞머리	bangs	前髪	刘海	劉海
씻다	to wash	洗う	洗	洗
들리다	to be heard	聞こえる	听	聽

PART1 어휘 p.55

단어	English	日本語	中国语	中國語
썰다	to cut	切る	切	切
볶다	to panfry	炒める	炒	炒
섞다	to mix	混ぜる	混合	混合
찌다	to steam	蒸す	发胖	發胖
굽다	to grill/roast	焼く	烤	烤
삶다	to boil	煮る	煮	煮

튀기다	to deepfry	揚げる	炸	炸
부치다	to griddle, to fry	(フライパンなどに油あぶらを引ひいて)焼やく	煎	煎
반죽하다	to mix batter or dough	練る	和面	和麵
기름을 두르다	to oil, to grease	油を全体に行き渡らせる	焌油	抹油
껍질을 벗기다	to peel	皮を剥く	剥皮	剝皮
된장을 풀다	to dissolve bean paste in water	味噌を入れて溶かす	把大酱和在水里	把大醬和在水裏

PART2 들어 봅시다 p.56

단어	English	日本語	中国语	中國語
배달하다	to deliver	配達する	送、送货	送、送貨
닭	chicken	鶏、チキン	鸡、鸡肉	雞、雞肉
무료	free	無料、ただ	免费	免費

PART2 말해 봅시다 p.58

단어	English	日本語	中国语	中國語
김치전	kimchi pancake	キムチのチヂミ、キムチのジョン	泡菜煎饼	泡菜煎餅
밀가루	flour	小麦粉	面粉	麵粉
붓다	to pour	そそぐ	倒	倒
젓다	to stir	かき混ぜる	搅	攪
반죽	dough	キジ	生面团	生麵團
골고루	evenly	均等に	平均	平均、均衡
프라이팬	frying pan	フライパン	煎锅	平底鍋
오징어	squid	イカ	鱿鱼	魷魚
카레라이스	curried rice	カレーライス	咖喱饭	咖喱飯
쇠고기	beef	牛肉	牛肉	牛肉
감자	potato	じゃが芋	土豆/马铃薯	土豆、馬鈴薯
당근	carrot	人参	胡萝卜	胡蘿蔔
양파	onion	玉ねぎ	洋葱	洋蔥

냄비	pan	鍋	锅	鍋子
브로콜리	broccoli	ブロッコリー	西兰花	花椰菜

PART2 읽고 써 봅시다

p.59

단어	English	日本語	中国语	中國語
큰술	table spoon	大さじ	大汤匙	大湯匙
두부	bean curd	豆腐	豆腐	豆腐
고추	red pepper	唐辛子	辣椒	辣椒
다지다	to chop	つぶす、 みじん切りにする	剁、捣	剁、搗
마늘	garlic	にんにく	蒜	蒜、蒜頭
가로	horizontal	横	横	橫
세로	vertical	縦	竖	豎
두께	width	厚み	厚度	厚度
직전	right before	直前	之前	之前
향	fragrance	香り	香/香味	香、香味
없어지다	to go away	無くなる	消失	消失
멸치	anchovy	イワシ、小魚	凤尾鱼	小魚乾
조개	shellfish	貝	蛤蜊	蛤蜊

PART2 문화

p.61

E Holiday and food

설날 and 추석 are the most representative Korean national holidays. 설날 is the first day of the year and 추석 is a day of thanksgiving to our ancestors once the harvest is over in the fall. That is why on 설날 and 추석, we gather with our family and relatives, perform memorial rites for our ancestors, and enjoy good food.

But the food that we eat is different for 설날 and 추석. On 설날, we eat 떡국 which is a beef soup with slices of rice cake. Koreans believe that you have to eat 떡국 in order to become a year older. On 추석, we make 송편 which is a rice cake made with the year's new crop of rice, beans, and sesame. On the day before 추석, the entire family gathers around together to make the 송편 while observing the full moon, hoping that the half-moon-shaped 송편 will grow like the full moon. It is also said that you will give birth to a pretty daughter if you shape your 송편 well.

日 名節と食べ物

韓国の代表的な名節には正月とチュソク(秋夕)があります。正月は新しい年が始める日であり、チュソクは秋に1年の農事を終え収穫したことを先祖に感謝する日です。ですから、正月とチュソクには家族や親戚が集まって先祖にチャレ(茶礼という儀式を捧げ、おいしい食べ物を作り分け合って食べます。

ところで、正月とチュソクは食べ物が少し違います。正月にはトックク(韓国式のお雑煮)を作って食べます。トッククは牛肉のスープにカレトック(米で作った長い餅を薄く切って入れ作ったスープをいいます。韓国人は正月にトッククを食べてこそ年を1歳とると考えます。そして、チュソクにはソンピョンを作って食べます。ソンピョンは普通、秋に収穫した新米に大豆、ごまを入れて蒸した餅です。チュソクの前日、家族が一緒に座って満月を眺めながらソンピョンを作るのですが、半月の形をしたソンピョンが、満月のように発展するようにと願う意味が込められています。そして、ソンピョンを上手く作ったら可愛い娘を産むと言います。

中 节日与饮食

韩国具有代表性的节日是“설날”(春节)和“추석”(秋夕)。“설날”是新的一年开始的一天，“추석”是在结束一年农活的秋天，人们把收获的物品拿来贡给祖先表达谢意的日子。因此在“설날”和“추석”家人和亲戚们聚在一起给祖先过祭日，做美味佳肴一起分享。

但是，“설날”和“추석”所吃的食物有点不同，“설날”煮年糕汤吃。年糕汤是一种在牛肉汤里放入切成片的长年糕煮成的汤，韩国人觉得只有吃了“설날”的年糕汤才会长大一岁。“추석”韩国人做松糕吃。这是用秋天收获的新米粉、在和好的米面里边放进豆馅，芝麻馅等蒸的糕。“추석”的前一天一家人坐在一起，一边赏月一边包松糕。半月形的松糕有象征逐渐发展为满月期待的含义。另外，松糕还有一种“包得好看的人可以生漂亮女儿”的说法。

中 節日與飲食

韓國具有代表性的節日是“설날”(春節)和“추석”(秋夕、仲秋節)。“설날”是新的一年開始的一天，“추석”是在結束一年農活的秋天，人們把收獲的物品拿來貢給祖先表達謝意的日子。因此在“설날”和“추석”家人和親戚們聚在一起給祖先過祭日，做美味佳肴一起分享。

但是，“설날”和“추석”所吃的食物有點不同，“설날”煮年糕湯吃。年糕湯是一種在牛肉湯裏放入切成片的長年糕煮成的湯，韓國人覺得只有吃了“설날”的年糕湯才會長大一歲。“추석”韓國人做松餅吃。這是用秋天收獲的新米、磨成粉、在和好的米麵裏邊放進豆餡，芝麻餡等蒸的糕。“추석”的前一天一家人坐在一起，一邊賞月一邊包松餅。半月形的松餅有象征逐漸發展爲滿月期待的含義。另外，松餅還有一種“包得好看的人可以生漂亮女兒”的說法。

제5과 쇼핑

PART1 준비합시다 01 p.64

–(으)ㄹ까요

Ⓔ –(으)ㄹ까요 is used to question an assumption on something that has not yet happened or is unknown.

Ⓙ '–(으)ㄹ까요'はまだ起っていないか、知らないことについて推測して尋ねるときに使用する。

Ⓒ "–(으)ㄹ까요"是对还没发生或还不知道的事情进行推测时的疑问形式。

Ⓒ "–(으)ㄹ까요"是對還沒發生或還不知道的事情進行推測時的疑問形式。

단어	English	日本語	中国语	中國語
사이즈	size	サイズ	号	號碼、尺寸
가죽	leather	サイズ	皮、皮革	皮、皮革
갚다	to pay back	返す	还	還
월급	salary	月給	工资	薪水
기사가 나다	to appear in article	記事になる	登载消息	上新聞

PART1 준비합시다 02 p.65

–(으)ㄴ/는/(으)ㄹ 것 같다

Ⓔ –(으)ㄴ/는/(으)ㄹ 것 같다 is used to assume an action in the past, present, or future, or a current situation through various circumstances. 인 것 같다 is used to assume a current situation.

Ⓙ '–(으)ㄴ/는/(으)ㄹ 것 같다'は色々な状況から推し量って過去、現在、未来の動作や現在の状態を 推測するとき使用する。そして、形容詞の場合は現在の状態は'–(으)ㄴ 것 같다'を使う。

Ⓒ "–(으)ㄴ/는/(으)ㄹ 것 같다"在推测因各种情况而推迟的过去、现在、未来的动作或现在的状况时使用。另外, 现在的状态用"–(으)ㄴ 것 같다"。

Ⓒ "–(으)ㄴ/는/(으)ㄹ 것 같다"在推測因各種情況而推遲的過去、現在、未來的動作或現在的狀況時使用。另外, 現在的狀態用"–(으)ㄴ 것 같다"。

단어	English	日本語	中国语	中國語
과목	subject	科目	科目	科目
경제	economy	経済	经济	經濟

PART1 준비합시다 03 p.66

–아/어서

Ⓔ –아/어서 is used to connect actions in their time order.

Ⓙ '–아/어서'は行動を時間順につなげるときに使用する。

㊥ 动作、行为按时间顺序发展时使用"–아/어서"。

㊥ 動作、行爲按時間順序發展時使用"–아/어서"。

단어	English	日本語	中国语	中國語
예금	deposit	預金	存款	存款
치과	dentist	歯科	牙科	牙科、牙科診所
통장	account	通帳	存折	存摺
집들이	housewarming	引っ越し祝に知り 合いを新居に招待すること	乔迁宴、温居	喬遷宴、溫居
충치	decayed tooth	虫歯	虫牙、龋齿	蛀牙、齲齒
치료하다	to receive treatment	治療する	治疗	治療
병문안	call on a patient	病気見舞い	探病	探病
들르다	to stop by	立ち寄る、回る	顺便	順便去

PART1 어휘 p.67

단어	English	日本語	中国语	中國語
영수증	receipt	領収書	发票	發票
교환	exchange	交換	交换	交換
환불	refund	返金、払い戻し	退款	退款
품절	run out of stock	品切れ	断货	斷貨
할인	discount	割引	打折	現金
계산	calculation	計算、会計	计算	計算

쇼핑몰	shopping mall	ショッピングモール	商场	商場
아웃렛	outlet	アウトレット	大卖场	大賣場
면세점	duty-free shop	免税店	免税店	免稅店

PART2 들어 봅시다 p.68

단어	English	日本語	中国语	中國語
켜지다	to turn on	つく	开	着、開
기능	function	機能	功能	功能
통화하다	to call	通話する	通话	通話
상대방	the other person	相手方	对方	對方
목소리	voice	声	桑音	聲音、嗓音
가능하다	to be possible	可能だ	可以	可以
은색	silver	銀色	银白色	銀白色
선호하다	to prefer	好む	嗜好、偏爱	嗜好、偏愛
분홍색	pink	桃色、ピンク	粉红色	粉紅色

PART2 말해 봅시다 p.70

단어	English	日本語	中国语	中國語
정장	formal attire	正装	正装、西装	正裝、西裝
어울리다	to suit, to go with	似合う	相称、适合	相稱、配合
세련되다	to be refined	洗練された	精炼、过硬	時髦

PART2 읽고 써 봅시다 p.71

단어	English	日本語	中国语	中國語
제품	product	製品	产品	產品
사용 후기	product review	使用の感想	用后感	用後感、使用心得
상품평	product evaluation	商品の評価	商品评价	產品評價
작성자	writer	作成者	作者	作者、撰寫者
작성일	writing date	作成日	完工日	撰寫日

평가	evaluation	評価	评价	評價
재질	material	材質	质地	質地
긁히다	to be scratched	引っかかれる	被划	被刮、有刮痕
반복하다	to repeat	繰り返す	反复	反復
배달원	delivery man	配達員	速递员	送貨員、快遞員
빼다	to leave out	抜きとる	去除	去除
만족스럽다	to be satisfied with	満足する	满意	滿意
강력하게	strongly	强力	强力	強力
대체로	in general	大体	大都	大都
촌스럽다	to be out of fashion	ださい、あか抜けない	土气	土氣、俗氣
별	star(rating)	星印	星号	星號、星星標誌
복잡하다	to be complicated	複雑だ、混んでいる	复杂	複雜
전원을 누르다	to press the power button	電源を入れる	按电源开关	按電源開關

PART2 문화

p.73

E Traditional marketplace

Are you familiar with Korea's traditional markets? They have been around for a long time and you can buy a variety of goods at a low price.

Moreover, there are traditional markets that specialize in vegetables, fruits, fish products, clothes, etc. The fruit and vegetables market in Garakdong, Seoul is popular among housewives for their fresh and cheap vegetables and fruit. The fisheries market in Noryangjin, Seoul sells marine products such as fish at a cheap price. As for the Dongdaemun market in Seoul, it sells clothes, shoes, accessories, etc, at a low price.

They say you should go to a market if you want to see people living diligently. You should try visiting a traditional market to see the various goods and watch how Koreans live. It will be great fun.

日 在来市場

皆さんは韓国の有名な在来市場について知っていますか。在来市場とは以前からあった市場で、そこに行けば色々な物を安く買うことができます。

特に、在来市場の中には野菜と果物、水産物、衣類などを専門的に売る市場があります。ソウルのカラクドン(可楽洞)にある青果市場には新鮮な野菜と果物を安く買うことができて主婦の間で人気が高いです。そして、ソウルのノリャンジン(鷺梁津)水産市場では魚のような水産物を安く売っています。また、ソウルのトンデムン(東大門)市場は服と靴、アクセサリーなどが安く売っています。

人々が一生懸命生きる姿を見たければ、市場に行くといいでしょう。皆さんも在来市場に行って色々なものを見物して、韓国の人々がどのように暮しているのかも見てみましょう。とても面白いはずです。

中 自由市场

你们知道韩国有名的自由市场吗？自由市场是很早以前开始有的市场，在这里可以买到很便宜的东西。

值得一提的是，在自由市场有蔬菜、水果、水产品和服装的专门卖场。在首尔可乐洞的农贸市场可以买到既新鲜又便宜的蔬菜和水果，因此倍受家庭主妇们青睐。在首尔鹭梁津水产市场可以买到便宜的水产品。还有，在首尔东大门市场可以很便宜地买到衣服、鞋子、小饰品等东西。

如果你想看到人们沉浸于购物快乐的场面，就应该去市场。在那里你们既可以买到各种各样的东西，也可以看看韩国人是怎么生活的，这一定会很有意思。

中 傳統市場

你們知道韓國有名的傳統市場嗎 傳統市場是很早以前開始的，有的市場在這裏可以買到很便宜的東西。

值得一提的是，在傳統市場有蔬菜、水果、水產品和服裝的專門賣場。在首爾可樂洞的農貿市場可以買到既新鮮又便宜的蔬菜和水果，因此倍{受家庭主婦們青睞。在首爾鷺梁津水產市場可以買到便宜的水產品。還有，在首爾東大門市場可以很便宜地買到衣服、鞋子、小飾品等東西。

如果你想看到人們沉浸於購物快樂的場面，就應該去市場。在那裏你們既可以買到各式各樣的東西，也可以看看韓國人是怎麼生活的，這一定會很有意思。

제6과 건강한 생활

PART1 준비합시다 01 p.76

–겠–

Ⓔ –겠– indicates that the speaker has the intention or will to do something.

Ⓙ '–겠–'は話者が何かをする意図や意志があることを表す表現だ。

Ⓒ 表明说话人有要做某事的意图时用"–겠–"。

Ⓣ 表明說話人有要做某事的意圖時用"–겠–"。

단어	English	日本語	中国语	中國語
(담배를) 끊다	to give up	切る、断つ文	断	戒
운전면허를 따다	to get a driver's license	運転免許をとる	考取驾照	考取駕照
새해	new year	新年	新年	新年
세계 일주	trip around the world	世界一週	世界一周、周游世界	環遊世界、環球旅行
모으다	to save	集める	收集、存	收集、存
대기업	enterprise	大企業	大企业	大企業

PART1 준비합시다 02 p.77

–아/어서 그런지

Ⓔ –아/어서 그런지 is an expression used when the previous action or situation seems to be the cause and reason for what follows but cannot be determined for sure.

Ⓙ '–아/어서 그런지'は前の行為や状態が、後文の原因や理由のようだけれど、はっきり断定できないとき使われる表現だ。

Ⓒ 在不能断定前边的行为或状态是不是后边的原因或理由的时候用"–아/어서 그런지"。

Ⓣ 在不能斷定前面的行爲或狀態是不是後面的原因或理由的時候用"–아/어서 그런지"。

단어	English	日本語	中国语	中國語
스웨터	sweater	セーター	毛衣	毛衣
팔리다	to be sold	売れる	卖	好賣
화가	artist	画家	画家	畫家
역시	as expected	やはり	还是	還是、果然是
소질	talent	素質	天分	天分

PART1 준비합시다 03

p.78

–도록

Ⓔ –도록 indicates the purpose or standard of the following action and is used to give directions or make requests. It may be used with certain adjectives.

Ⓙ '–도록'は後に来る行為の目的や基準などを知らせ、指示したり頼むときに使用する。一部、形容詞にも使用することができる。

Ⓒ "–도록"在指明后边出现行为的目的或基准等的同时，发出指令或嘱咐。一部分形容词也适用。

Ⓣ "–도록"在指明後面出現行爲的目的或基準等的同時，發出指令或囑咐。一部分形容詞也適用。

단어	English	日本語	中国语	中國語
챙겨 먹다	to eat for oneself	そのつど忘れずに飲む(食べる	准备吃	按時吃(藥)
푹	soundly	ぐっすり、ゆっくり	香香地	香香地
소화가 되다	to be digested	消化がいい	消化	能消化
기름지다	to be greasy	油っこい	油腻	油膩
칼	knife	刀や包丁などの刃物	刀	刀
베다	to cut	切る	切	切
상처	wound	傷	伤口	傷口
덧나다	to worsen	悪化する	红肿、发炎	紅腫、發炎
소독약	disinfectant	消毒薬	消毒药	消毒藥
바르다	to apply	塗る	抹、擦	抹、擦
서 있다	to stay one's feet	立っている	站着	站著
마사지하다	to massage	マッサージする	按摩	按摩

PART1 어휘 p.79

단어	English	日本語	中国语	中國語
두통	headache	頭痛	头疼	頭痛
편두통	migraine	偏頭痛	偏头疼	偏頭痛
복통	stomachache	腹痛	肚子痛	肚子痛
생리통	menstrual cramps	生理痛	痛经	生理痛
치통	toothache	歯痛	牙痛	牙痛
근육통	muscle ache	筋肉痛	肌肉痛	肌肉痛
열이 나다	to have a fever	熱が出る	生病	發燒
기침이 나다	to cough	咳が出る	咳嗽	咳嗽
재채기가 나다	to sneeze	くしゃみが出る	打喷嚏	打噴嚏
목이 붓다	to have a swollen throat	喉がはれる	嗓子肿了	嗓子腫了
콧물이 나다	to have a runny nose	鼻水が出る	流鼻涕	流鼻涕
코가 막히다	to have a stuffy nose	鼻が詰まる	鼻塞	鼻塞

PART2 들어 봅시다 p.80

단어	English	日本語	中国语	中國語
수술	surgery	手術	手术	手術
환자	patient	患者	患者	患者
화장	makeup	化粧	化妆	化妝
취소	cancel	取り消し	取消	取消

PART2 말해 봅시다 p.82

단어	English	日本語	中国语	中國語
기침을 하다	to cough	せきをする	咳嗽	咳嗽
진찰	medical examination	診察	诊察、检查	診察、檢查
한	around	(数詞に付いて) およそ	大约	大約
심한 편	quite severe	重い方	严重	算嚴重

정도	degree	程度	程度	程度
건조하다	to be dry	乾燥する	干燥	乾燥
물약	liquid medicine	シロップ	药水	藥水

PART2 읽고 써 봅시다

p.83

단어	English	日本語	中国语	中國語
인스턴트	instant	インスタント	快餐、速食	快餐、速食
수칙	rules	規則, 心得	守则	守則
굳이	particularly	あえて	一定、非要	一定、非要
속	in	中、内	中、中间	中、中間
조미료	seasoning	調味料	调味料	調味料
지방	fat	脂肪	脂肪	脂肪
영양	nutrition	栄養	营养	營養
불균형	imbalance	不均衡	不均衡	不均衡
따라서	accordingly, so	したがって	因此、从而	因此、從而
컵라면	cup noodle	カップラーメン	杯面、碗面	杯面、碗面
햄버거	hamburger	ハンバーガー	汉堡包	漢堡包
냉동	freeze	冷凍	冷冻	冷凍
스스로	oneself	みずから	自己	自己
수면	sleep	睡眠	睡眠	睡眠
그러므로	therefore	だから、したがって	因此	因此
피로	fatigue	疲労	疲劳	疲勞
여유	complacency	余裕、ゆとり	闲暇、余地	閑暇、餘地
영향을 주다	to influence	影響を与える	带来影响	帶來影響
긍정적이다	to be positive	肯定的だ	肯定的、正面的	肯定的、正面的
숙면	sound sleep	熟睡	熟睡	熟睡
사라지다	to disappear	消える	消失	消失
소화가 잘 안 되다	to have difficulty digesting	消化に悪い	不容易消化	不容易消化、消化不良

PART2 문화

p.85

E Ginseng, honey, preventative medicine

Health is the most important asset in our lives. Koreans do various things to keep their health such as exercising, but also consume food that is good for the body. The most representative healthy foods are ginseng and honey. Ginseng and honey are made into tea and also put into our food.

There is another type of medicine called "boyak", which can be taken any time to keep you healthy and prevent illness. It is prescribed and made at a herb clinic – a traditional Korean hospital – using different medicinal herbs for each physical constitution and sickness. As such, Koreans usually take tonic medicine when they feel that their bodies have become weak or are overtired.

日 朝鮮人参、蜂蜜、補薬

健康は私たちが生きていく上で最も大切な財産です。韓国人はこのような健康を守るために運動など様々な努力をしますが、色々な体にいい食べ物を食べたりもします。体にいい食べ物では朝鮮人参と蜂蜜が代表的です。朝鮮人参や蜂蜜はお茶にして飲んだり、食べ物に入れて食べたりします。

それ以外には補薬[韓薬(漢方薬)の一種]があります。ポヤク(補薬)は特に病気ではなくても健康を維持するために飲む薬だ。韓国の伝統的な病院である韓医院で、体にいい薬草をそれぞれの人の体質や病に合わせて処方して作るものです。ですから韓国人は疲れがたまったときや体が弱ったと感じるとき、普通、補薬を飲みます。

中 人参、蜂蜜和补药

健康是我们生活中最重要的财产，韩国人为了维持健康不但付出了各种努力去运动，而且常准备一些对身体好的食物吃。对身体好的食物中人参和蜂蜜最具有代表性。人参和蜂蜜不仅可以做茶喝，也可以放在膳食中吃。

除此以外，还有补药。补药是在身体没什么特别不舒服的时候，为了维持身体健康，预先吃的药。在韩国传统的医院–한의원里，医生针对每个人不同的体质和病状处方开药。所以韩国人感到劳累或者身体虚弱的时候一般会吃补药。

中 人參、蜂蜜和補藥

健康是我們生活中最重要的財產，韓國人爲了維持健康，不但付出了各種努力去運動，而且常準備一些對身體好的食物吃。對身體好的食物中人參和蜂蜜最具有代表性。人參和蜂蜜不僅可以做茶喝，也可以放在膳食中吃。

除此以外，還有補藥。補藥是在身體沒什麼特別不舒服的時候，爲了維持身體健康，預先吃的藥。在韓國傳統的醫院–한의원(韓醫院)裏，醫生針對每個人不同的體質和病狀處方開藥。所以韓國人感到勞累或者身體虛弱的時候一般會吃補藥。

에센스 이화 한국어 2A 부록

지은이 이화여자대학교 언어교육원

펴낸날 1판 1쇄 2017년 1월 20일
2쇄 2023년 8월 2일

펴낸이 주소현 **펴낸곳** 이화여자대학교출판문화원
주소 서울특별시 서대문구 이화여대길 52(우 03760) **등록** 1954년 7월 6일 제9-61호
전화 02) 3277-2965(편집), 02) 362-6076(마케팅)
팩스 02) 312-4312 **전자우편** press@ewha.ac.kr **홈페이지** www.ewhapress.com
책임편집 민지영 **디자인** design **Vita**, 김리영, 정혜진
영어 번역: 홍영예, 이화여자대학교 언어교육원, 이화여자대학교 통역번역대학원
감수: 홍영예
일본어 번역: 이즈미 지하루, 혼다 미호, 이화여자대학교 언어교육원
감수: 혼다 미호
중국어 번역: 손영상, 양숙평, 이화여자대학교 언어교육원
감수: 양숙평

© 2017 이화여자대학교 언어교육원 · 이화여자대학교출판문화원
이 책의 판권은 이화여자대학교 언어교육원과 이화여자대학교출판문화원에 있습니다. 양측의 서면 허락 없이 이 책 내용의 전부 혹은 일부를 인용, 발췌하거나 기타 판권 소유에 위배되는 행위를 할 수 없습니다.

* 잘못된 책은 구입처에서 바꾸어 드립니다.